Demesvar Delorme

Réflexions

diverses sur Haïti

La misère au sein des richesses

Demesvar Delorme

ISBN : 978-1-6780-2364-5

Repères biobibliographiques

1831 : naissance au Cap en 1831.

1859 : Il fonde le journal *L'Avenir* dont la publication est rapidement interdite par le gouvernement Geffrard.

1862 : élu député du Cap, mais la chambre est dissoute peu après.

1865 : il soutient Salnave lorsqu'il soulève la ville du Cap contre le gouvernement Geffrard. Il met sa plume à son service en publiant les *Bulletins de la Révolution*.

1865-1867 : suite à l'échec du soulèvement, il s'exile en Belgique jusqu'au départ du Président Geffrard auquel succède Salnave.

1867 : il occupe diverses fonctions ministérielles puis perd la confiance de Salnave qui l'éloigne en le nommant ministre résident à Londres.

1867-1878 : à peine débarqué, il apprend que le Président Salnave l'a démis de ses fonctions durant son voyage. Commencent alors onze années d'exil qu'il mettra à profit pour bâtir la plus grande partie de son œuvre, celle qui fait de lui l'un des essayistes majeurs de la littérature haïtienne et l'idéologue du Parti Libéral.

1878-1891 : revenu en Haïti, il connaît des fortunes diverses : député du Cap en 1878 ; emprisonné quelques mois sur ordre du Président Salomon ; directeur du journal *Le*

Moniteur (1884) ; retour en grâce sous la présidence de Florville Hyppolite.

1891-1901 : il passe l'essentiel des ses dix dernières années en Europe où le gouvernement lui confie diverses missions diplomatiques. Il meurt à Paris à l'âge de soixante-dix ans.

Bibliographie non-exhaustive :

Essais et pamphlets : *Études sur l'Amérique* (1866) ; *La reconnaissance du général Salnave* (1867) ; *Les Théoriciens au pouvoir* (1870) ; *La Misère au sein des richesses ; réflexions diverses sur Haïti* (1873) ; *Les Paisibles* (1874) ; *Les Petits ; la Hollande* (1898).

Romans : *Francesca* (1872) ; *Le Damné* (1877) ; *L'Albanaise* (1875).

Réfléxions diverses sur Haïti

« C'est à l'heure, ô Patrie,

où te voilà sanglante et inanimée,

la tête pendante, les yeux fermés,

la bouche ouverte et ne parlant plus,

que le cœur du proscrit déborde

d'amour et de respect pour toi. »

V. H.{2}

La colonie française de Saint-Domingue expédiait annuellement à la métropole, à l'époque de la Révolution, 163 406 000 livres de sucre, 68 152 000 livres de café, 1 808 700 livres d'indigo, 1 978 800 livres de cacao, 52 000 livres de roucou, 6 900 000 livres de coton, 14 700 cuirs, 6 500 livres d'écaille, 22 000 livres de casse, 11 286 000 livres de bois de teinture, et plusieurs autres produits ou matières premières, comme cire, tabac, sirop, tafia, bois d'ébénisterie, dont les quantités sont diversement évaluées par les statistiques, le tout s'élevant, aux taux d'aujourd'hui, à une somme de 265 200 000 francs, c'est-à-dire à plus de 53 millions de piastres.

À cette valeur s'ajoutent les productions que la colonie se réservait pour son commerce particulier avec les côtes de l'Amérique centrale, notamment avec le Mexique ; avec quelques îles voisines, comme Curaçao et la Jamaïque ; avec la colonie espagnole de Santo-Domingo, et surtout avec les Anglais, qui, même au milieu des guerres de la France avec la Grande-Bretagne au dix-huitième siècle, y avaient, sur certaines côtes éloignées des villes, des rendez-vous où ils faisaient des échanges considérables avec les colons, assez peu patriotes, comme on sait.

Il faut, en outre, pour former le total de cette production annuelle de Saint-Domingue, porter en ligne de compte les produits employés par un grand nombre de planteurs à leurs affaires clandestines et très étendues avec les Américains du Nord, qui allaient, dans de petits ports isolés, débarquer des bestiaux, des farines, leurs poissons salés, des bois de construction, qu'ils débitaient en hâte sur la côte. Ils y embarquaient en échange chaque année, plus de 50 000 barriques de sirop, du sucre, du café, et une fort grande quantité d'autres denrées tenues en réserve pour ce commerce interlope.

Ces exportations de la colonie au détriment du monopole de la mère patrie s'élevaient à un chiffre à peu près égal à celui de ses relations régulières avec la métropole, et mettent ainsi à un demi-milliard de francs la production totale de Saint-Domingue en ce temps-là, et jusque vers l'année 1802.

Avant 1780, c'est-à-dire à une époque où la colonie n'avait pas encore atteint le degré de prospérité qui vient d'être constaté, la marine marchande de France employait annuellement à ses chargements dans les possessions françaises d'Amérique 562 navires de fort tonnage, et en tirait une importation générale de 126 378 155 livres, 18 sous, 8 deniers. De ces 562 navires, 353 chargeaient dans les seuls ports de Saint-Domingue ; et dans cette valeur totale d'importation de produits coloniaux dans la métropole, les trois autres colonies qui y contribuaient ne figuraient ensemble que pour une faible partie, pas même pour un tiers : la Martinique, pour 18 975 974 livres, 1 sou, 10 deniers ; la Guadeloupe, pour 12 751 404 livres, 16 sous, 10 deniers ; et Cayenne, pour 488 598 livres, 3 sous, 3 deniers.

Saint-Domingue à elle seule donnait donc à la France, outre ce qu'elle gardait pour son commerce intercolonial, les neuf douzièmes de cette prospérité d'outre-mer dans le Nouveau Monde, qu'on lui enviait au siècle dernier.

Les richesses *étonnantes* de cette terre de Saint-Domingue étaient produites par 792 sucreries, 2 587 indigoteries, par des plantations comprenant ensemble 24 018 336 cotonniers, 197 303 365 caféiers, 2 757 691 pieds de cacao ; et le capital de ces établissements s'élevait à une valeur de 1 487 840 000 francs.

Outre ces industries agricoles et ces cultures destinées au commerce, la colonie avait en même temps, pour son alimentation ou pour son trafic avec les îles voisines qu'elle approvisionnait, 7 756 225 bananiers, 1 178 229 fosses de manioc, 12 734 carreaux de terre plantés en tubercules divers : ignames, patates, etc. ; 7 046 en millet, près du double en riz ou maïs, et tout le reste de ce qu'on appelait les places ou jardins, en fèves, légumes et arbres fruitiers.

Et il s'en fallait de beaucoup que tout le territoire cultivable fût en rapport. Près de la moitié de la colonie était encore en forêts.

L'élève du bétail et des autres animaux nécessaires n'était pas négligée : le pays nourrissait 95 958 chevaux ou mulets et plus de 250 000 bœufs, moutons, chèvres ou pourceaux.

Diverses industries s'exerçaient sur un bon pied à côté de ces travaux agricoles : il y avait dans la colonie 26 briqueteries et tuileries, 29 poteries, 182 distilleries ou guildives, 370 fours à chaux et 6 grandes tanneries dans le Nord.

Aucun autre pays sur la terre, toutes proportions gardées, n'était aussi riche que Saint-Domingue. Aucun autre n'offrait une existence plus facile, plus commode, plus agréable.

Mais cette prospérité splendide était déshonorée par l'iniquité de l'esclavage ; et la Révolution de 1789, qui plaidait la cause de tous

9

les opprimés, vint détruire l'oppression sur ce sol de Saint-Domingue par la main même de ceux qui souffraient.

Après les longues luttes qui ont eu pour issue le triomphe des droits de l'opprimé sur cette terre enrichie par son travail, la guerre de l'indépendance et les dissensions civiles qui vinrent après, virent graduellement diminuer cette richesse agricole, qui faisait l'admiration de l'Amérique et de l'Europe.

Il appartenait au gouvernement de ce pays, devenu indépendant, de ramener de suite la production de ce sol exceptionnellement doué au point où elle était arrivée au moment de la Révolution. C'était, pour l'administration de la République d'Haïti, un devoir pressant, le premier et le plus impérieux de ses devoirs, d'atteindre en hâte et de dépasser l'ancienne prospérité de la colonie de Saint-Domingue. C'était là d'abord pour elle une question d'amour-propre et d'honneur national. C'était là en outre l'unique moyen de rendre ce peuple nouveau respectable et respecté, c'est-à-dire paisible, prospère, heureux, civilisé.

L'indépendance n'avait pas seulement pour but, pour les citoyens de ce pays, de se gouverner par leurs propres lois ; mais aussi de créer sur cette terre prodigue une civilisation fertilisée et ennoblie par la liberté. C'était là la pensée de ces hommes généreux et vaillants qui venaient de combattre en vrais héros pour nous donner cette patrie. Le sentiment profond qu'ils avaient de la dignité humaine leur avait fait une grandeur d'âme sublime, que leurs adversaires mêmes ont admirée au milieu de la lutte. Ils avaient pour objet, en répandant leur sang sur les champs de bataille, d'élever à leur race un monument dans les Antilles. Ce monument, ce devait être, on le voit dans tout ce qu'ils ont dit, dans tout ce qu'ils ont fait, la *civilisation* d'une nation issue de leurs efforts. Ils avaient en vue de prouver par des faits, après la victoire, que la liberté est mille fois plus féconde que la violence.

Cette tâche, dont l'idée les grandit encore plus et nous montre en eux plus que des braves, ils l'ont léguée à ceux qui devaient avoir en main après eux le gouvernement de la République d'Haïti.

L'unique mission de ces gouvernants était donc de s'appliquer à relever la prospérité de ce pays.

Loin de là, l'agriculture, depuis ce temps, alla toujours décroissant, et aujourd'hui Haïti ne produit plus, bon an, mal an, qu'environ 60 millions de livres d'un café mal soigné, mal récolté, inférieur en raison de cela à celui de toutes les autres provenances ; ce qui fait une valeur d'à peu près 50 millions de francs, à la place des 500 millions que donnait précédemment le pays.

Plus de sucre, plus d'indigo, presque plus de coton ni de cacao, plus rien enfin, il faut le dire,

11

de ce qui fait en ce moment la richesse et le progrès des terres douées du climat des Antilles.

On sait bien que c'est sous le régime du travail forcé que les colons de Saint-Domingue avaient réalisé cette opulence incroyable chiffrée plus haut. On sait bien de même que ce ne pouvait être par la contrainte que l'administration haïtienne aurait pu accomplir la tâche qui lui était imposée. Mais on sait bien aussi qu'elle pouvait la remplir par ces moyens libéraux et ces procédés si puissamment efficaces qui créent dans le siècle où nous sommes la prospérité des nations libres.

Ces moyens moraux, ces procédés matériels, elle eût pu les adopter et leur faire produire chez nous les résultats qu'ils donnent partout ailleurs ; elle eût pu par là mettre la chose publique dans un état plus florissant encore que celui où était parvenue l'ancienne colonie de Saint-Domingue, si cette chose publique eût été, comme cela devait être, l'unique préoccupation des gouvernants. Les pays de l'Amérique, les colonies européennes de l'Océanie et de l'Asie, où le travail forcé est aboli, sont devenus plus prospères qu'au temps de l'esclavage, grâce à l'emploi des instruments d'exploitation et des machines, qui ont centuplé les résultats produits autrefois par la force des bras.

La science est venue en aide à la justice, et a accru dans d'étonnantes proportions la puissance de l'activité humaine, se développant désormais sans violence, dans le respect des droits de l'homme.

Il fallait deux choses aux gouvernants de ce pays pour remplir leur devoir à cet égard : l'intelligence et l'intention. Ces deux conditions devaient être inséparables. L'une sans l'autre ne pouvait rien.

Ce n'est pas l'intelligence qui a toujours fait défaut aux Haïtiens dans leur gouvernement. Ce peuple, incontestablement bien partagé sous ce rapport, a souvent eu dans son administration des esprits clairvoyants, élevés même, mais toujours exclusivement préoccupés de controverses de droit public, au détriment de la question vitale, de la vraie question, de l'unique question qu'il y ait à poursuivre en Haïti : l'agriculture.

On ne saurait dire de même que l'intention n'a pas toujours manqué aux gouvernements de ce pays quand on y a vu des administrations fournir des carrières de vingt-cinq, de dix, de huit années, et mettre au second plan, à l'arrière-plan, la question de la production du sol, pour ne s'occuper que du soin de se maintenir au pouvoir.

En effet, le gouvernement du président Boyer, qu'il faut regretter sous ce rapport après tout ce qu'on a vu depuis, a duré vingt-cinq années. Ce gouvernement, qui a eu à administrer l'île entière, définitivement pacifiée par suite de la mort de Henri Christophe et de l'annexion de l'ancienne colonie espagnole de Santo-Domingo, est la première administration stable qu'ait eue la République dans son unité, puisque, durant la longue compétition de Pétion et de Christophe, qui a succédé au court règne de Dessalines, le pays était divisé en deux parties se faisant la guerre.

Cette présidence du général Boyer, qui a duré un quart de siècle, a été exempte de guerre civile : chose inouïe dans l'Amérique du Sud ; chose rare, dans les temps où nous sommes, même dans l'Europe expérimentée, où la France, par exemple, depuis Louis XVI, n'a pu garder vingt ans le même gouvernement.

Et cette administration, qui a possédé l'île entière en paix l'espace de vingt-cinq années, et qui, par suite du traité conclu avec Charles X, s'est vue affranchie de ces appréhensions d'une nouvelle guerre avec l'ancienne métropole qui avaient jusque-là préoccupé l'esprit public, n'est pas parvenue, dans une situation si favorable et si propice à tous égards, à remettre la production agricole du pays au point où elle était arrivée sous les derniers gouverneurs de la colonie de Saint-Domingue.

Je sais bien que, pour être juste, il faut faire la part des circonstances, et reconnaître que ce gouvernement, qui avait recueilli l'héritage des guerres civiles, a dû d'abord s'appliquer à pacifier les esprits, encore haletants et accoutumés à l'agitation. On comprend que la tâche était difficile et a été pénible ; mais il faut reconnaître aussi que, dans les quinze ou dix dernières années de cette longue présidence, il était possible de se mettre à l'œuvre, en combinant les moyens, non de contraindre la population, mais de l'intéresser au travail ; en lui faisant comprendre, en lui faisant sentir que sa sécurité, son indépendance, son honneur, son avenir, son bien-être, son bonheur, dépendaient d'un vigoureux déploiement de l'activité agricole.

Il s'agissait de sortir de la routine, de recourir à des procédés d'exploitation plus efficaces que ceux de l'ancien régime. La plupart des peuples qui nous avoisinent se servait déjà de ces procédés nouveaux, chaque jour renouvelés et perfectionnés par la science agronomique.

Aucun trouble dans les esprits ne pouvait distraire de cette entreprise la pensée du gouvernement. Les prétentions militaires, devenues plus tard le grand obstacle, n'étaient pas encore nées du désordre des révolutions. Il y avait à ce moment-là à la tête de divers arrondissements des citoyens distingués, des personnages influents par leur mérite et leurs services dans la guerre de l'Indépendance, qui, comme le général Bonnet dans l'Artibonite, le général Marion dans le Sud, le général Larivière et le général Bottex dans le Nord, comprenaient vivement cette nécessité de progresser par l'agriculture, et qui se montraient prêts à aider le

15

président d'une manière sérieuse si le
gouvernement, de son côté, entreprenait la tâche
d'une manière sérieuse.

Est-ce à dire que ce gouvernement n'ait
absolument rien fait dans ce sens ? Telle n'est
pas ma pensée. Je n'ignore pas que le président
Boyer, qui était, quoi qu'on en dise, un homme
remarquable, et que je tiens, moi, pour un
honnête homme, a songé à cette grande question.
Il a fait des efforts pour remettre de l'ordre dans
les campagnes, pour donner sécurité à ceux qui
travaillaient, pour régulariser les rapports entre
propriétaires, fermiers et travailleurs. Mais ces
efforts n'ont pas été ce qu'ils devaient être. Ils
n'ont pas porté sur les principales parties de la
question. Ils n'ont pas eu pour objet les moyens
d'action qu'indiquaient l'esprit du temps et
l'exemple des pays avancés, qui servent de
guides dans la route des progrès.

Il ne s'agissait pas seulement de régler les
rapports du travail agricole ; il s'agissait
d'accroître la production en intéressant de
toutes manières au travail la population des
champs ; il s'agissait, tout en l'accroissant,
d'améliorer la production, c'est-à-dire d'en
augmenter encore la valeur marchande, en
introduisant dans le pays les instruments, les
machines, les procédés d'exploitation, qui
faisaient dans le même moment la prospérité de
divers autres pays de l'Amérique ; il s'agissait de
porter le capital, par toutes ces sécurités, par

tous ces encouragements, par toute cette sollicitude, par la certitude du succès, à se placer dans la culture des terres.

Ces efforts auraient dû s'étendre sur tous les détails de la question, et ils auraient dû être la préoccupation *exclusive* du gouvernement. Un bon gouvernement en Haïti doit être pour ainsi dire un *gouvernement* agricole, c'est-à-dire un gouvernement ne pensant le jour, ne songeant la nuit, qu'à faire aimer au peuple le travail des champs comme la condition même de son existence nationale.

Le gouvernement du président Boyer s'est plus appliqué à trouver les moyens de maintenir l'ordre politique qu'à chercher ceux de développer l'activité publique dans le travail. Il n'a pas assez senti que la prospérité, sortie de l'agriculture, sur ce sol si généreux, lui aurait assuré un ordre public plus solide, plus vrai, que les mesures de politique qu'il s'ingéniait à combiner dans ce but.

Si, sur cette terre, où la population n'est pas le vingtième de ce qu'elle peut être, la prospérité s'était répandue grâce au travail dans toutes les classes de la nation, le goût des jouissances honnêtement créées par l'activité et accrues de plus en plus par l'importation corrélative des arts de l'Europe, eût désintéressé de la politique la plupart de ceux qui s'en mêlent sans aucun titre, sans aucun mérite, dans l'unique idée d'en tirer profit. Le reste, c'est-à-dire l'immense majorité du pays, plus intéressé à l'ordre que les pouvoirs publics eux-mêmes, eût suffisamment garanti cet ordre au gouvernement, les droits de tous étant respectés.

Mais le président Boyer, possédé de la crainte des insurrections, effrayé des manifestations de l'esprit d'opposition qui se faisait jour à la tribune et dans la presse, n'eut plus qu'un but, qu'une idée, une idée fixe : empêcher les commotions, assurer l'ordre matériel et maintenir son autorité.

L'opposition l'irrita. Au lieu d'employer contre elle l'adresse, les habiletés du régime parlementaire, tout en portant vigoureusement l'esprit public vers le goût de la prospérité, ce qui lui eût donné dans tout le pays des alliés intéressés au maintien de l'ordre, il mit de côté sa tâche d'administrateur, et ne s'occupa que de la police.

Ainsi, la décroissance de la production continua sous son gouvernement, et s'accentua d'une manière très vive dès les premières années qui suivirent sa chute.

Ses adversaires avaient pris pour arme de guerre contre lui, entre autres choses qu'ils lui reprochaient, le code rural. Ce procédé était déloyal, funeste aux intérêts du pays et des cultivateurs eux-mêmes au nom desquels on réclamait.

Le code rural n'était pas une perfection ; il y avait à le corriger ; mais il n'y avait pas à en faire un grief contre le pouvoir en le flétrissant comme une abomination.

Certainement, les libertés publiques sont choses précieuses ; elles sont même indispensables à l'avancement bien entendu d'une société ; mais il est évident qu'on a commis une mauvaise action quand, pour avoir ces libertés plus larges que ne les donnait le régime autoritaire du président Boyer, on a ainsi affaibli dans l'esprit des populations cette idée salutaire du travail, qui est l'objet même de la vie sociale et la condition de tous les progrès.

L'opposition eût dû, au contraire, accuser le gouvernement qu'elle combattait d'avoir négligé, d'avoir méconnu cette grande tâche d'administrer, qui était le principal et le premier de ses devoirs. Elle se fût honorée dans cette voie pratique et rationnelle ; et son rôle, après la victoire, eût dû être de recourir, sans perdre une heure, à ces systèmes scientifiques et puissants d'exploitation agricole, qui élevaient à ce moment-là la grandeur de la République des États-Unis et commençaient la fortune du Brésil, du Chili, de l'Argentine, de divers autres pays de l'Amérique du Sud, nos voisins.

La liberté politique n'est pas incompatible avec le travail. Loin de là, il n'est de vraie liberté que celle que garantit par le travail l'indépendance, la dignité du citoyen. Les libéraux de 1843 auraient été les bienfaiteurs de leur pays si, au lieu de se servir des sévérités du code rural pour combattre le président Boyer dans l'esprit des masses, ils eussent pris pour mot d'ordre le progrès matériel et moral de la République, et si, arrivés au pouvoir, ils se fussent appliqués à fonder un gouvernement d'action qui pût remettre Haïti dans l'ancienne prospérité de Saint-Domingue. Ils eussent pu facilement, populaires comme ils l'étaient, faire comprendre à leurs concitoyens que la jouissance de leurs droits politiques impliquait tout d'abord l'obligation de redoubler d'ardeur au travail pour accomplir, dans leurs propres intérêts, la pensée de leurs pères. Ils avaient assez d'intelligence et assez de lumières pour se rendre compte du rôle qu'ils avaient à jouer au pouvoir et pour trouver le moyen de le remplir.

Cependant, le président Boyer parti, ils ne se sont occupés que du soin de bâtir savamment une constitution décentralisatrice, imitant en cela ce qui s'était passé ailleurs en pareille rencontre, sans tenir compte de la différence des situations. Ils crurent avoir accompli les promesses de réformes faites au pays, ils crurent avoir *régénéré* ce pays, c'est le mot même dont ils se servaient, en coordonnant laborieusement les dispositions nouvelles de la charte de 1843. Ils avaient exécuté ce travail, abstraction faite de toutes conditions pratiques à observer en pareille matière, d'après le plus séduisant idéal de libre arbitre politique et de *self-government*, comme si on faisait une constitution comme on fait un traité philosophique ou un roman.

Une constitution, quand elle a consacré les vérités générales du droit naturel, qui appartiennent à toutes les sociétés sans exception, doit s'attacher à instituer l'administration de la chose publique d'une façon qui réponde autant que possible au caractère particulier, aux idées, aux habitudes, aux besoins moraux du peuple pour lequel on la fait. Sans cela, elle n'est pas praticable, elle ne dure pas. Et alors, au lieu de fonder un ordre de choses stable et productif, elle enfante la confusion et de nouveaux troubles. Qu'on consulte l'histoire à cet égard.

Les sociétés politiques, à mesure qu'elles progressent, changent insensiblement d'idées, de tendances, d'aspirations, de besoins, et partant, de lois. Cela se fait naturellement, par la force des choses ; et cela signifie qu'une constitution, pour être viable, doit être en rapport avec l'esprit de la nation, afin de pouvoir se modifier à mesure que la nation elle-même se modifie sous l'empire des circonstances nouvelles créées par sa marche ascendante vers les progrès.

Une constitution, c'est tout simplement le *modus vivendi* d'un peuple, la manière dont ce peuple a besoin d'être dirigé pour son plus grand bien possible. Elle est forcément assujettie à la loi des circonstances, loi que le temps seul et l'amélioration des choses peuvent changer.

Appliquez brusquement, sans transition, la constitution de la Suisse ou celle des États-Unis d'Amérique à la Russie ou à l'Espagne, ça ne durera pas six mois.

C'est le progrès de la raison humaine qui, changeant graduellement les mœurs politiques des peuples, rendra un jour, il faut l'espérer, une même constitution, la moins autoritaire possible, applicable à toutes les nations.

On ne calque donc pas une chose de ce genre. On réfléchit, on se rend compte de la situation, du milieu où l'on est, et on fait cet acte aussi pratique et aussi praticable que le demande l'intérêt bien entendu du peuple pour lequel on légifère.

On peut dire que la constitution du peuple anglais n'est pas écrite, si l'on envisage le mécanisme général de son gouvernement parlementaire ; elle est plutôt dans les traditions du pays et dans ses mœurs que sur le papier.

Le devoir du législateur constituant, sous quelque latitude qu'il soit, est de donner aux citoyens les *libertés nécessaires*, suivant le mot si juste de M. Thiers{3}, et d'établir ensuite, sur cette base, un mode de gouvernement qui réponde à l'état de l'esprit public, un gouvernement praticable. Personne au monde n'est plus fort que la force des choses, que la nature.

La constitution faite pour Haïti en 1843 contenait cependant des innovations excellentes, dont plusieurs, entre autres celles relatives au régime municipal, pouvaient produire d'heureux effets et pouvaient être immédiatement pratiquées. Mais les déclarations de principes ne suffisent pas : il faut l'application. On s'était ingénié à établir le mode le plus libéral possible de diriger la fortune publique, et on ne s'occupa point du soin de mettre habilement ce mode d'administration à exécution. On s'occupa encore moins de faire naître cette fortune publique, qui n'existait pas.

C'est comme si une Compagnie industrielle ou de commerce, après avoir passé par-devant notaire un acte d'association réglant les droits des intéressés et établissant le mode de nomination des gérants de l'entreprise et des contrôleurs de ces gérants, s'en tenait là et ne mettait pas la main à l'affaire en question.

L'important, pour cette compagnie, c'est de faire le commerce ou d'exploiter le genre d'industrie pour lequel l'acte a été fait. Son but, c'est de tirer profit de cette industrie ou de ce commerce ; et les règlements ou statuts qu'elle a signés ont pour objet de faire prospérer l'entreprise dans l'intérêt de tous, d'assurer à chacun sa part du bénéfice en réglant les devoirs et les droits des gérants et des associés.

Si cette compagnie, après avoir, chez le notaire, réglé minutieusement les rapports divers des ayants droit, se mettait à dire avec satisfaction, en se frottant les mains, sans s'occuper de commencer le travail : « Nous avons passé un acte en due forme ; rien n'y manque. Quelle bonne affaire nous avons faite ! » chacun rirait de cette association d'une si plaisante espèce.

C'est cette histoire d'une compagnie dressant un acte excellent et n'entreprenant pas le travail défini dans cet acte, qu'on produisit chez nous en 1843. On s'estima heureux d'avoir une constitution très libérale, on en était fier, et l'on ne fit rien pour faire produire à cette constitution les avantages qu'elle devait donner ; tout comme si une constitution n'était qu'un meuble, un objet d'art, fait pour le plaisir des yeux, pour l'apparat.

On ne s'occupa point d'avoir le moyen de faire prospérer la République, ce qui était l'objet positif de la constitution. On crut avoir assez fait en édictant des lois fort belles ; et le manque de résolution dans la pratique, joint au manque d'un but précis à atteindre à l'aide de ces lois, fit crouler tout l'édifice.

La Constitution fut mise de côté, et trois ans après il en fallut une autre. Celle de 1846, à son tour, se vit bientôt remplacée par celle de 1848, instituant une monarchie à la suite des sanglants événements de cette année.

Dans l'intervalle, la grande question du pays, la question de la production agricole, n'avait occupé la pensée de personne sous les quatre présidents qui succédèrent rapidement au président Boyer. On dirait que c'était là, aux yeux de nos hommes d'État, chose secondaire, chose de peu, indigne d'entrer dans les conceptions politiques qui s'entrecroisaient et brillaient à qui mieux mieux.

Les agitations étaient devenues l'état normal de la République. Il n'en pouvait être autrement. L'activité publique n'étant pas portée par l'action des gouvernements vers la source naturelle de la prospérité du pays, chacun voulut chercher son bien-être dans les places lucratives au moyen des insurrections. Il y en eut toutes les sortes : il y eut des insurrections armées, qui sont l'espèce la plus connue ; des insurrections de palais, comme la Russie en a donné le modèle ; des insurrections de Sénat, qui sont un genre tout à fait nouveau. Les questions de politique pure et les questions personnelles l'emportaient sur le reste.

Enfin arrivèrent les malheurs du mois d'avril 1848{4}, dans lesquels le pays perdit un si grand nombre d'hommes distingués, de citoyens dont il avait le plus grand besoin. La forme républicaine, à la faveur de ces événements terribles, disparut ; une monarchie fut élevée à Port-au-Prince, et le président Soulouque, relevant la couronne de Dessalines, devint l'empereur Faustin Ier.

Ce gouvernement impérial, dont le caractère était la violence et qui régnait par la terreur, avait toute la puissance qu'il fallait pour entreprendre les réformes, les innovations administratives qui peuvent, seules, changer la face du pays, le faire prospérer. Ce gouvernement était absolu ; il était obéi au geste ; il dura en tout dix longues années ; et il n'entreprit rien, *absolument rien* pour relever la production agricole de ce sol si facile, si libéral.

La population tremblait sous le joug d'airain qui pesait sur elle. Un silence effaré régnait partout. Un ordre muet, né de la stupeur, avait succédé aux agitations politiques. Chacun s'appliquait à se faire petit. Tout le monde baissait la tête et se taisait, même dans l'intérieur de la famille. L'obéissance était complète. Toussaint-Louverture n'avait pas été plus respecté au plus haut période de sa puissance. Le khan de Tartarie n'est pas plus omnipotent que ne l'était l'empereur Faustin.

C'était là le moment, si l'on eût eu de bonnes intentions, de changer la situation du pays et d'améliorer ; par suite, le sort de ces pauvres populations rurales, qui vivent dans le dénuement au milieu de toutes les richesses de la nature. Tout ce qu'on aurait entrepris dans ce sens aurait réussi. On n'y aurait trouvé aucun obstacle. Des réformes radicales, des travaux sérieux, exécutés dans ce but au moyen de mesures efficaces, eussent, non point justifié, rien ne peut justifier le crime, mais fait pardonner peut-être les violences qui avaient servi à fonder ce régime. Mais il fallait pour cela être capable de comprendre ce qu'il y avait à faire et être assez bien inspiré pour l'entreprendre. On ne fit rien. On imagina de prélever le cinquième ou plutôt le quart de la récolte du café, sans chercher à augmenter la production de ce café. On fit des princes, des ducs, des comtes, des barons, des *marquises* et des *chambellans{5}*. On s'enrichit tout à son aise, contrairement aux traditions de nos hommes d'État ; et l'on se maintint au pouvoir, grâce à l'épouvante qu'on entretenait, jusqu'au jour où, les ressorts étant usés, la machine tomba.

Le gouvernement qui vint après eut, dans la rare popularité qui l'entourait dans le principe, une force égale à celle que la terreur avait donnée à son prédécesseur. Le pays respirait après la longue anxiété dans laquelle il venait de vivre ; et dans l'enthousiasme où il était, on le voyait prêt à suivre l'impulsion qu'on prendrait la décision de lui donner. Le progrès, à ce moment-là, était plus que possible ; il était facile. Les populations avaient confiance ; elles ne demandaient qu'à suivre la route qu'on leur voudrait tracer. Une hausse subite des cafés sur les marchés de l'Europe vint juste en ce temps-là accroître les affaires dans le pays, comme envoyée par la Providence pour faciliter au nouveau gouvernement les réformes et les travaux qu'il fallait entreprendre.

Ceux qui gouvernaient alors parlaient au nom du progrès, de la civilisation ; ils n'avaient à la bouche que ces mots-là. Ils ont vulgarisé le mot ; ils n'ont rien fait pour pratiquer la chose.

Or, à cette époque, ce progrès dont on parlait tant en Haïti se montrait partout, en Europe et en Amérique, comme l'obligation des sociétés, comme la condition de l'existence des peuples libres, comme leur honneur. L'Europe contemporaine, recueillant les fruits de la paix dont elle jouissait depuis 1815, mettait en pratique ces théories des économistes de la fin du dix-huitième siècle qui avaient déterminé la Révolution de 1789. Les moyens de réaliser ce progrès, multipliés et perfectionnés à l'infini, étaient en usage et produisaient leurs effets heureux même dans les jeunes États qui nous avoisinent. Les Expositions universelles de l'Angleterre et de la France passionnaient le monde et répandaient partout une salutaire émulation.

Il s'agissait, pour nous, après une révolution faite au nom de la civilisation et de l'esprit moderne, d'entrer dans ce courant d'idées et de faits. Il s'agissait de supprimer mesurément les barrières que des défiances et des idées d'un autre temps avaient élevées dans nos lois entre nous et les nations civilisées. Il s'agissait d'inviter, d'attirer chez nous, par nos institutions et par notre activité, les capitaux, les industries, les lumières, les arts de l'Europe. Il s'agissait, cela est évident, d'adopter sans retard les moyens moraux qui font prospérer les autres nations sans violence, sans contrainte. Il s'agissait de recourir en hâte à l'emploi des procédés nouveaux d'exploitation agricole qui, partout ailleurs, développent la production, améliorent les produits, enrichissent les producteurs et les gouvernements qui les protègent.

L'initiative individuelle n'existe pas dans notre pays ; on ne la voit pas d'ordinaire chez les nations qui viennent de naître. C'est au gouvernement que revient la tâche, en Haïti comme en beaucoup d'autres pays, de donner le branle, de diriger le mouvement, de l'entretenir, de le conduire pas à pas et sans relâche. Toute la mission d'un gouvernement dans ce pays se résume en ces deux mots : *développer la production.*

Les difficultés d'ordre économique qui compliquent la tâche des gouvernements de l'Europe n'existent pas chez nous. Le territoire peut suffire, d'après de sérieux calculs de statistique, à une population vingt fois plus grande que celle qui l'habite en ce moment. Il ne s'agit donc pas, comme en Europe, de donner du travail aux bras, mais de donner au sol les bras qui lui manquent. Pas de difficultés diplomatiques absorbant l'attention du gouvernement comme dans les cabinets des grandes puissances. Qu'a donc à faire le gouvernement de ce pays ? Quelle peut être sa mission, son occupation ? — *Faire prospérer l'agriculture.*

Un gouvernement intelligent, en Haïti, s'il est honnête, ne saurait avoir un autre rôle que celui-là. Tout ce qu'on fait en dehors de cela est de nulle valeur. C'est, comme on dit en pareil cas, jeter de la poudre aux yeux du public.

Dans les premiers jours, on crut que le gouvernement issu de la révolution du 22 décembre 1858, comprenant son devoir comme il le disait sur tous les tons, allait résolument mettre la main à l'œuvre. Nous ne fûmes pas longtemps dans cette illusion. Dès qu'on se fut affermi au pouvoir, on se mit à régner ; on ne s'occupa point de gouverner, d'administrer. Les bruyantes revues militaires du dimanche matin, les harangues sur *l'autel de la patrie*, les remaniements des lois de douane, remplirent toute la carrière de ce gouvernement qui dura plus de huit années.

De toutes parts, cependant, des citoyens intelligents parlaient de réformes, conseillaient d'adopter des méthodes nouvelles, faisaient sentir la nécessité urgente de protéger, d'encourager le travail dans l'intérieur du pays. On ferma l'oreille à ces conseils ; on les qualifia de séditieux ; on sévit contre ceux qui les donnaient ; on fusilla, chaque année, pour le moins douze citoyens ; on prononça la dissolution de la Chambre des représentants, et dès qu'on eût cru reconnaître que certaines communes allaient réélire leurs députés, on expédia des agents, voire des ministres, lesquels allèrent ouvertement sur les lieux faire nommer par toutes sortes de moyens d'intimidation ou de corruption, des personnes agréables au sultan ; puis on se complut à promulguer des lois nouvelles sur l'administration des douanes, ou à remplacer un papier-monnaie par un papier-monnaie d'une autre largeur, comme si la douane pouvait augmenter son rendement sans que l'agriculture augmente ses produits ; comme si un papier-monnaie pouvait acquérir une valeur fiduciaire plus solide qu'un papier-monnaie plus ancien et d'une autre couleur, sans que la prospérité de l'État lui donne cette valeur, cette solidité.

Le pays se dégoûta bientôt de cette manière de gouverner pour la montre, où l'ostentation, la jactance, le trompe-l'œil, la passion, l'esprit de parti, le non-sens, l'étroitesse, étonnante de vues et d'idées, composaient l'essence du pouvoir. Le pays se vit trompé : il jeta bas l'échafaudage.

Alors, me dira-t-on, vous fûtes, vous, appelé au pouvoir. Qu'y avez-vous fait ? — Si l'on m'en eût donné le temps, répondrai-je, j'aurais accompli la tâche telle que je la conçois. Je l'avais commencée. Ce que j'ai fait dans les quelques jours que je suis resté aux affaires dit assez ce que j'aurais fait si j'avais eu le temps de mettre en œuvre le plan d'administration que j'avais en vue.

Mais ici, l'on me répliquera qu'on a été obligé de se révolter contre le gouvernement dont je faisais partie, parce que ce gouvernement avait violé la constitution. C'est le cliché.

Il importe donc de dire un mot de ce gouvernement ; et pour cela, on aura la bonté de me permettre de parler de moi, puisque j'ai été à cet égard si cruellement attaqué.

Je serai bref, autant du moins que le permettra la nécessité de dire les choses avec clarté.

Il m'en coûte d'avoir à m'écarter de l'idée principale de cet écrit ; je me hâterai d'y revenir.

***

Lorsqu'au mois de mai 1865, Salnave sortit brusquement à la tête de quelques hommes des forêts des Dominicains, où il s'était réfugié après la tentative de soulèvement du malheureux général Longuefosse, je vivais au Cap à l'état de suspect. Le gouvernement me persécutait sourdement, parce que je venais de soutenir à la Chambre des représentants qu'on n'était pas dans le bon chemin et qu'il y avait moyen d'améliorer les affaires de la République. On cherchait avec soin l'occasion de pouvoir m'arrêter. À chaque prise d'armes, et il y en avait tous les six mois, on faisait faire une enquête, quelque part qu'eût lieu le mouvement, pour voir s'il n'y aurait pas moyen de m'y impliquer. De mon côté, je détestais ce gouvernement. Il était inutile au pays et il tuait sans discontinuer. Je désirais vivement sa chute ; mais je refusais de m'associer aux conjurations qui se formaient contre lui presque tous les mois. Je craignais les suites des agitations. Je craignais, comme conséquence de ces agitations, la prépondérance des incapables et des mal intentionnés. Je craignais aussi, il faut l'avouer, l'adresse qu'avait ce gouvernement de faire entrer ses ennemis dans des complots officiels pour avoir l'occasion de les fusiller.

Je n'avais point, comme on l'a dit, préparé la prise d'armes de 1865 ; jusqu'aux derniers moments, j'ignorais qu'elle dût avoir lieu. J'ai souvent déclaré cela à Port-au-Prince, en 1867, quand j'étais au ministère, alors qu'il eût été avantageux pour moi de laisser croire que j'en étais l'auteur ou le promoteur. Je n'avais en rien concouru à organiser ce mouvement, et je n'ai consenti à y entrer, chacun s'en souvient au Cap, que lorsqu'il était accepté par toute la population comme chose nécessaire.

Salnave prit possession de la ville du Cap sur les cinq heures du matin ; les autorités militaires et civiles se joignirent à lui entre huit et neuf heures ; la plupart des habitants de la ville donnèrent de suite après leur adhésion, et firent de cette tentative une révolution ; un conseil de gouvernement fut composé ; un président même fut nommé ; tout fut fait, en un mot, sans que personne m'eût vu ni au bureau de l'arrondissement ni au palais de la présidence. On m'envoya chercher à plus de trois fois par un nommé Muller ; et ce ne fut que vers midi que, ayant consulté l'opinion publique, je me décidai à me rendre au palais, dans l'idée d'être utile à la cause de l'ordre et du bien public. Il y a des personnes, aujourd'hui ennemies de cette révolution, qui se rappelleront sans peine qu'en me voyant ainsi arriver alors que tout était accompli et installé, elles m'ont reproché d'être en retard. Elles avaient raison : j'étais en retard ; j'avais longtemps hésité avant de m'engager dans cette affaire ; mais du moment que j'eus consenti à y prendre part, je m'y suis cru lié par le devoir, par l'honneur ; j'en ai fait pour ainsi dire ma cause personnelle, et je me suis appliqué à la bien diriger. J'ai fait pour cela tous les efforts que je pouvais. J'ai débuté par faire entendre qu'il n'appartenait qu'au pays de se donner un chef ; et chaque fois que, plus tard, durant le siège, j'ai vu se reproduire cette idée de nommer par acclamation un président de la République, je l'ai combattue et repoussée, ce qui n'a pas été sans danger pour moi.

La révolution échoua sur la route d'Ennery, par suite de la lenteur des opérations militaires dans les premiers jours. Les troupes du gouvernement marchèrent sur le Cap et l'assiégèrent. L'approche des dangers ne me fit point quitter la

cause que j'avais adoptée. Quoique je n'eusse pas
été des premiers à accepter la révolution, je ne
voulus pas être des premiers à lui tourner le dos.
Je ne voulus pas du tout la déserter. Je crus que
c'était un devoir de ne pas abandonner la ville
aux malheurs qui la menaçaient, et je voulus
rester à mon poste dans le moment difficile, dans
le moment des périls, pour conjurer, autant qu'il
pourrait être en moi, les violences inséparables
de ces situations exceptionnelles. Je jouai ce rôle,
durant le siège, autant qu'il fut en mon pouvoir. Il
se trouvera, je l'espère, des personnes sans
passion pour me rendre témoignage des efforts
qu'on m'a vu faire nuit et jour pour prévenir les
malheurs et les désordres au milieu d'une
population irritée par les souffrances de la
famine. Je courus plus d'une fois des dangers
durant ce siège, au su de tous, par suite de
l'opposition que je faisais aux hommes violents
qui avaient pris, comme il arrive toujours en
pareil cas, la direction des événements. Je ne
négligeai pourtant jamais de prêcher de toutes
manières l'ordre et la raison dans la fermeté.

Des malheurs de toute sorte arrivèrent ; j'avais
fait mon possible pour les prévenir ; mais j'étais
presque seul à lutter dans ce sens. Où étaient
ceux qui avaient organisé la révolution le matin
de l'arrivée de Salnave au Cap ? Leur concours, à
tous, eût pu empêcher les choses de tourner à
mal. J'étais trop faible, moi seul, pour résister
avec avantage à la tempête. On sait ce que c'est
que l'excitation des passions populaires dans une

révolution compliquée d'un siège. Les hommes d'ordre qu'il y avait à Paris durant les événements de la Commune{6} en 1871 n'ont pas pu, malgré leurs efforts, empêcher les exécutions d'otages{7} et les incendies qui ont marqué la fin de ces événements. Ils étaient en minorité.

Enfin, après cinq mois d'un siège courageusement soutenu par la population, le Cap tomba au pouvoir du gouvernement, grâce au secours d'auxiliaires étrangers. J'allai dans l'exil. Dix-huit mois après, ce gouvernement tomba à son tour. J'étais en Belgique. Nommé membre d'un gouvernement provisoire et d'une Assemblée constituante, je revins dans le pays, appelé à grands cris par les populations. Je revins, mais longtemps après la chute du gouvernement, sans me hâter, sans ambition, heureux de pouvoir rentrer dans mon pays, et roulant dans mon esprit mon rêve chéri d'une existence paisible, au milieu de mes livres, à la campagne.

Il n'est pas inutile de dire ici que, contrairement à mon attente, je ne reçus de Salnave aucune communication depuis qu'il était rentré dans le pays. Il n'avait pourtant jamais manqué de m'écrire tout le temps que durait l'exil. On ne semblait pas bien pressé dans son entourage de me voir revenir.

Je ne dis pas cela pour l'accuser, mais pour faire ressortir certaines influences qu'il subissait. Il m'a fait du mal, je le lui ai reproché alors qu'il était puissant. Aujourd'hui, il est mort ; je n'ai point à récriminer contre sa mémoire, et je ne veux chercher la cause de ce que j'ai souffert en ce temps-là que dans les intrigues dont on le circonvenait.

Arrivé à Saint-Thomas, j'entendis parler, à mon grand étonnement, de la prise d'armes des cultivateurs de l'arrondissement de Vallière et des environs contre le nouvel ordre de choses qui allait se créer. Les révoltés, qu'on désigne sous le nom de *Cacos*, étaient des paysans qui, ayant servi à maintenir le siège du Cap en 1865, avaient été facilement trompés par deux ou trois partisans du gouvernement qui venait de tomber, lesquels avaient fait croire à ces hommes que Salnave allait exercer sur eux des vengeances terribles. Un malheureux conflit survenu dans le bourg du Trou, dans lequel conflit trois personnes, je crois, furent tuées, avait accrédité cette insinuation. Je fus mal impressionné par la nouvelle de cet incident, dont je prévis sur-le-champ les suites fâcheuses.

J'arrivai au Cap sous cette impression, bien décidé à employer tout le crédit que je pourrais avoir auprès du nouveau gouvernement pour faire sans retard pacifier ces populations.

Je restai au Cap plus de vingt jours sans pouvoir trouver un navire pour me rendre à Port-au-Prince, où de toutes parts on m'écrivait d'arriver en hâte, et où j'avais à remplir mon mandat de député à la Constituante. Il y avait pourtant à Fort-Liberté un vapeur de l'État, qui n'y faisait rien. Je fis en vain des démarches pour que ce navire vînt me prendre au Cap. J'ai appris depuis que ce steamer avait ordre de ne se mettre à ma disposition qu'après un certain délai, c'est-à-dire le temps nécessaire pour que la Constitution fût achevée et le président nommé. Il y avait donc des gens qui ne désiraient pas que je prisse part à ces délibérations. Je raconte des faits.

Enfin je pus partir du Cap, et le jour même de mon départ, j'appris en mer, d'un vapeur venant de la capitale, que le général Salnave était depuis plusieurs jours élu président de la République par l'Assemblée nationale.

Tout était donc fait quand je suis arrivé à Port-au-Prince.

Un peu plus d'un mois après, je fus appelé au ministère. Je consentis à faire partie de ce gouvernement, et je me décidai à donner au président le concours le plus loyal, le plus dévoué, le plus actif. En acceptant le portefeuille qui m'était offert, je pris à cœur de contribuer autant qu'il pourrait être en moi à rendre le gouvernement de Salnave utile au pays. Je me mis dès lors à l'aider avec tout le zèle d'un bon citoyen et d'un ami. J'entrepris de lui faire un nom honorable dans le pays par les travaux sérieux que j'avais en vue. J'étais aussi sincère qu'il est possible de l'être, et je lui suis resté fidèle jusqu'au dernier moment. Je m'en honore.

Peu après mon entrée au pouvoir, il parvint à ma connaissance qu'on disait que le général Salnave n'était ni capable d'être chef de l'État ni digne de ce rôle. Mon devoir était de combattre ces propos par la persuasion en rassurant tout le monde sur les intentions du président, en donnant de lui une bonne opinion : c'est ce que je fis. Il n'avait d'ailleurs en lui-même aucune mauvaise intention, et il suffisait de pouvoir l'écarter de l'influence de deux ou trois hommes de mauvais aloi qui le suivaient, pour qu'on lui fît adopter des idées justes. Je l'avais trouvé président de la République ; il ne m'appartenait pas de contester la décision de l'Assemblée nationale. J'avais mon devoir à remplir envers le chef qui m'avait appelé à faire partie de son conseil, je l'ai rempli jusqu'au bout.

La révolte de Vallière gagnait du terrain. J'usai auprès du président de tous les moyens en mon pouvoir pour l'amener à mettre fin en hâte à cette sédition. Je ne manquai jamais un jour de lui en parler. Il ne s'en inquiétait pas. De cela, pourtant, dépendait son sort.

Si, quand il était au Cap, il se fût occupé de pacifier ces paysans ; s'il se fût appliqué à leur faire savoir la vérité sur son compte ; ou si, ne pouvant leur faire entendre raison, il se fût décidé à marcher contre eux, alors qu'ils n'avaient encore aucune consistance, cette révolte eût été facilement comprimée et n'eût pas donné lieu aux événements qui, un peu plus tard, amenèrent sa mort.

C'est, en effet, cette guerre dite des *Cacos*, qui a causé tout ce qui est survenu. Arrivé à Port-au-Prince, il oublia cette insurrection dirigée contre sa personne. Malgré les avis incessants que lui donnaient tous ceux de ses amis qui voyaient clair dans cette affaire, il persista à croire et à dire qu'il lui suffirait d'un faible effort pour en avoir raison quand il le voudrait.

Il perdit ainsi le bon moment, et quand, plus tard, il partit pour le Nord dans ce but, les insurgés étaient devenus puissants, soutenus qu'ils étaient par les ennemis du nouveau gouvernement, qui leur faisaient passer les ressources qu'il leur fallait par la voie du pays dominicain, malgré les négociations qui se poursuivaient d'un traité de commerce et d'alliance entre le gouvernement de Port-au-Prince et celui de Santo-Domingo.

Ma première pensée, comme secrétaire d'État des affaires étrangères, avait été, en exécution d'une décision que j'avais fait prendre au conseil des ministres, d'envoyer, par une députation de citoyens honorables, des propositions de paix et d'amitié à la République dominicaine, afin de prévenir, par une clause spéciale, toute occupation d'un point quelconque de l'île par l'étranger, et de mettre un terme aux luttes désastreuses qui, depuis 1843, désolaient périodiquement les frontières des deux pays. Le projet de traité, discuté et accepté à Santo-Domingo, n'attendait plus que le vote des Chambres des deux Républiques quand les hostilités des *Cacos*, favorisées par le président dominicain, devinrent de plus en plus vives sur toute la ligne des frontières et contraignirent le président Salnave de se mettre en campagne.

Il était trop tard. L'insurrection avait étendu ses ramifications dans tout le pays. La capitale en était le foyer. On montrait contre le gouvernement un mauvais vouloir à peine dissimulé.

Ce gouvernement de Salnave, qui venait d'être institué par le vote de l'Assemblée nationale, n'avait commis aucune espèce de violence, aucune illégalité. Il n'est pas possible de dire le contraire. Et cependant, depuis longtemps déjà, ses ennemis, qui étaient en grande partie des partisans passionnés du précédent gouvernement, s'étaient mis activement à soutenir de leur bourse ces révoltés des frontières, qui ravageaient les arrondissements voisins des Dominicains vers le Nord.

Cette complicité avec les insurgés n'était pas seulement dans la capitale ; elle était dans la Chambre des représentants ; et cette Chambre ne tarda pas à ouvrir elle-même les hostilités contre le gouvernement.

Je regrette d'être obligé de m'arrêter ici quelques instants sur un incident qui a été si heureusement exploité contre ce gouvernement qu'il n'est pas possible de le passer sous silence. Cela va m'éloigner en quelque sorte du sujet général que je veux traiter ; je prie mes lecteurs de m'en excuser : je ne puis me dispenser d'expliquer des faits que mes ennemis seuls ont racontés jusqu'à ce jour, car c'est au moyen des récits qu'ils en ont répandus qu'ils ont fait croire qu'ils avaient raison de mettre le pays en armes pour renverser le gouvernement dont je faisais partie.

Agissant sous l'inspiration de quelques députés, la Chambre des représentants, peu après l'ouverture de la session, appela brusquement un jour les ministres dans son sein pour une interpellation, qu'on ne désigna pas. L'invitation avait été faite vers le milieu de la journée pour une séance spéciale qui devait être tenue dans l'après-midi. Quelques heures après, le ministère se rendit à l'Assemblée, où il fut interpellé sur la détention du général Montas, dont les interpellateurs demandaient la mise en liberté immédiate.

Le secrétaire d'État de la justice répondit, au nom du gouvernement, que le détenu était dénoncé comme le chef occulte des insurgés, qui l'attendaient ; que des papiers trouvés sur des prisonniers établissaient fortement la vraisemblance de l'accusation ; que son procès s'instruisait, et enfin qu'il allait être jugé d'après les formes établies par la loi. Cette déclaration ne fut pas agréée par ceux qui interpellaient. Mes collègues me donnèrent la parole, et je fis de mon mieux pour assurer la Chambre des représentants que jamais rien ne se ferait dans le gouvernement en dehors de la légalité.

Les interpellateurs demandèrent toujours la mise en liberté du prévenu. Le secrétaire d'État de la guerre parla à son tour et eut pour réplique la même insistance.

Je pris la parole une seconde fois, et j'eus beau répéter que le gouvernement mettait son honneur à respecter la loi et ne ferait jamais rien contre elle, on persista à demander la mise en liberté sans jugement du détenu. On passionna la séance, on l'agita, on en fit une scène de confusion, malgré le soin que je prenais de déclarer à l'Assemblée que le gouvernement avait le plus grand respect pour le droit de contrôle des députés. Je dis et redis, jusqu'à en perdre la voix, que moi-même, qui avais alors l'honneur de parler au nom d'un gouvernement devant les représentants du peuple, j'appartenais et appartiendrais toute ma vie, par mes sentiments les plus intimes, à ce qu'on appelle en politique le parti libéral ; que, par conséquent, je me sentirais amoindri dans ma propre estime si je contribuais jamais, en quoi que ce fût, à porter atteinte aux droits de la

représentation nationale. Je priai la Chambre de
remarquer que, dans la situation
exceptionnellement grave que faisaient au pays
les violences des révoltés sur la frontière, il
n'était pas possible de mettre en liberté avant
jugement un homme que la voix publique
désignait comme le chef de l'insurrection, ce
qu'appuyaient les papiers trouvés chaque jour
sur les prisonniers qu'on leur faisait.

Mes collègues se joignirent de nouveau à moi
pour renouveler l'assurance que le procès du
prévenu s'instruisait et qu'il allait être livré aux
juges que lui donnait la loi. Rien n'y fit. On
persista à récriminer contre le gouvernement,
lequel venait à peine d'être installé, et qui
n'aurait pas même eu le temps de faire du mal si
le mal eût été dans sa pensée.

Enfin, on demanda un vote. Il s'agissait de
savoir si, oui ou non, la Chambre exigeait que le
chef du pouvoir exécutif mît en liberté, sans le
faire juger, un détenu accusé par la clameur
publique, par des dépositions de témoins, par
des papiers saisis sur des prisonniers de guerre,
comme le chef, le fauteur et l'âme d'une révolte
terrible qui, dans ce moment-là même, désolait
une partie de la République et menaçait de
s'étendre sur tout le pays.

On n'eût pas eu l'audace de poser pareille
question dans une Assemblée, dans de pareilles
circonstances, sous un autre gouvernement. On
s'en serait bien gardé. Dans n'importe quel pays,

une semblable motion, dans une telle situation, eût été considérée comme un aveu officiel de complicité des interpellateurs dans l'insurrection. Les Chambres ont le droit de demander qu'un détenu soit jugé ; mais elles n'ont pas le pouvoir d'exiger qu'il soit élargi sans jugement. Elles seraient alors au-dessus de la loi.

On vota donc. Ce fut par assis et levé. Le gouvernement parut avoir la majorité ; mais avant qu'on pût avec ordre constater cette majorité, les interpellateurs quittèrent leurs sièges et remplirent tumultueusement la salle en s'écriant de tous côtés : « Nous avons la majorité. Le vote est acquis. » Ce mouvement, peu parlementaire, n'avait aucun motif. Les représentants du gouvernement n'y purent rien comprendre. Ils ne savaient pas encore que c'était le mot d'ordre, le programme, que l'on suivait.

Nous avons appris depuis que ce qu'on voulait, c'était, ou que le détenu fût mis en liberté, et alors on donnait à l'insurrection un chef qu'on jugeait capable de la bien diriger ; ou que le gouvernement, refusant de le relaxer sans le faire juger, le tapage combiné de la séance permît de faire dire dans le pays que le pouvoir exécutif avait commis une violence et que, pour ce motif, la Chambre s'était déclarée contre lui. Depuis plusieurs jours, le plan de cette affaire s'ourdissait dans l'ombre.

À ce moment-là et au milieu du tumulte, je montai sur une table pour réclamer au nom du gouvernement que les votes fussent régulièrement recueillis ; mais le tumulte du dehors, répondant au tumulte de la salle, mit fin à la séance de la manière la plus déplorable. Le public qui assistait au débat dans les deux galeries extérieures fit irruption dans la salle, poussée par des sentiments divers, qui pour les interpellateurs, qui pour le gouvernement. J'entendis tout près de moi deux coups de pistolet. Je n'ai jamais pu savoir qui les a tirés. Alors des parents et des amis qui se trouvaient là vinrent à moi, m'enlevèrent de la table sur laquelle j'étais monté et me portèrent hors de la salle.

Je retrouvai dans la rue mes collègues et nous allâmes ensemble à la présidence. Il était alors sept heures, il faisait nuit. Pendant que nous rendions compte au président de cette séance inexplicable, on vint annoncer que le peuple, prenant parti pour le gouvernement, venait d'envahir la salle, déjà vide, des séances de la Chambre, en proférant des cris contre les représentants hostiles au pouvoir. Profondément affligés de cette nouvelle, nous priâmes le président de courir en personne réprimer ce désordre. Le président monta à cheval et nous le suivîmes.

Arrivés sur les lieux, nous adressâmes à la foule les plus sévères remontrances sur cette conduite anarchique et lui ordonnâmes de se retirer. Nous nous épuisions en efforts pour lui faire entendre qu'il fallait respecter les pouvoirs publics et que la Chambre des représentants était l'un des premiers de ces pouvoirs. Nous attendions l'arrivée de la force armée pour faire opérer des arrestations. Nous nous démenions pour ainsi dire dans l'obscurité au milieu des cris et de l'agitation. Enfin, cette foule surexcitée évacua la salle, et le gouvernement prit des mesures pour assurer l'ordre dans le reste de la nuit.

C'est cette manifestation populaire, ce brusque envahissement du local de la Chambre par le peuple, que les ennemis du gouvernement ont appelée dès ce moment-là violation de la Constitution, imputant ainsi au gouvernement l'initiative de ce désordre.

Il suffit d'un peu de réflexion pour reconnaître que le gouvernement n'avait aucun intérêt à rompre la bonne entente qu'il croyait exister entre la Chambre et lui ; et c'est ici le cas d'invoquer la maxime de droit criminel : *Is fecit cui prodest{8}*, en vertu de laquelle, quand un crime est commis et qu'on n'en a pas encore découvert l'auteur, on commence par chercher à qui il profite.

Or, le gouvernement, jusque-là, n'avait eu aucune dissidence d'opinion avec la Chambre sur aucune matière. Bien que plusieurs représentants eussent annoncé, dès leur élection, qu'ils allaient susciter des embarras à ce gouvernement, qu'ils haïssaient par esprit de parti, le gouvernement, depuis l'ouverture de la session, s'était appliqué à entretenir de bons rapports avec l'Assemblée, et croyait être parvenu, par ses procédés, ses déclarations, sa docilité, à calmer les passions qui fermentaient contre lui. Il laissait voir de toute manière qu'il tenait à se maintenir dans une sincère entente avec le pouvoir législatif. Il avait besoin de cette entente pour rétablir moins difficilement l'ordre public, si gravement atteint à ce moment-là. Son intérêt était donc évidemment de vivre en bonne intelligence avec les Chambres.

Le matin du jour de cette brusque interpellation, le président recevait en audience spéciale M. le chargé d'affaires de France, qui avait à lui remettre un pli de son souverain en réponse aux félicitations que le président venait d'adresser à l'empereur à l'occasion de la tentative du bois de Boulogne{9}, à laquelle il avait échappé, ainsi que son hôte, l'empereur de Russie. On fêtait en quelque sorte au palais de la présidence l'heureux état de relations amicales entre le pays et le gouvernement français. Les ministres étaient tous à la présidence à cette occasion, et c'est là qu'ils reçurent, un peu après midi, l'invitation de se rendre à la Chambre vers trois ou quatre heures.

Cette séance de l'après-midi devait être spécialement tenue pour l'interpellation en question, dont on eut soin de ne pas désigner l'objet aux Secrétaires d'État. Ce n'était pas l'heure ordinaire des réunions de la Chambre ; ses séances n'avaient lieu que les matins. Le ministère, appelé entre midi et une heure, s'est rendu à la Chambre deux à trois heures après, sans savoir de quoi on allait lui parler. Donc, le gouvernement, qui ignorait jusqu'au moment de la discussion, c'est-à-dire jusqu'à cinq heures du soir près, la question sur laquelle on voulait l'interpeller, ne pouvait pas avoir préparé, comme on l'en accuse, la manifestation populaire qui eut lieu peu après à la suite du désordre de la séance. Toute personne sensée et sans parti pris reconnaîtra la justesse de cet exposé.

Quant à ce qui est de moi en particulier, je défie mon ennemi le plus acharné d'avancer un fait, de produire une preuve, de citer un témoin, de rappeler une parole, qui soit de nature à établir que j'aie pris part en quoi que ce soit, directement ou indirectement, à cette invasion du lieu des séances de la Chambre par la foule. Je me serais cru déshonoré si j'avais contribué, même par mon silence, à un désordre de ce genre. J'atteste à cet égard la mémoire de mon père, l'homme qui m'a le plus aimé en ce monde. J'en prends à témoin Dieu lui-même. Et je ne suis pas de ceux qui prononcent à la légère ce grand et saint nom de Dieu : j'ai passé mon enfance à le respecter ; et plus j'avance dans la vie, plus je sens sa présence et sa main sur le monde.

Mais il ne me suffit pas de me défendre de cette imputation, j'en justifie tout le gouvernement. Il résulte d'une manière assez claire de tout ce que je viens d'exposer que le gouvernement ne pouvait pas avoir préparé ce mouvement populaire, puisqu'il ignorait, quelques heures auparavant, qu'il allait être interpellé pour quoi que ce fut.

Il importait de s'arrêter un peu sur cette circonstance, car c'est à elle qu'on fait allusion quand on accuse le gouvernement de Salnave d'avoir dès les premiers jours violé la constitution.

Ce point initial expliqué, tout le reste s'explique. Cette base d'accusation supprimée, tout l'échafaudage s'écroule. La vérité, c'est que, dès la semaine qui suivit l'élection de Salnave à la présidence, un parti nombreux s'organisa contre lui. Il avait, aux yeux de ses ennemis, une sorte de péché originel. Il n'avait pas encore fait un geste, dit un mot, que la coalition travaillait à le renverser. Il avait pourtant été élu par l'Assemblée nationale constituante. L'insurrection dite des *Cacos* était l'espérance de ses ennemis, et ils s'appliquèrent à la propager en la soutenant autant qu'il était en eux et par tous les moyens.

Quand l'Assemblée constituante se fut séparée et qu'on procéda à l'élection de la nouvelle Chambre des représentants, ces ennemis se firent nommer députés en aussi grand nombre que possible. Le gouvernement ne s'était point mêlé de ces élections ; personne ne peut contester ce fait, et ce fait est d'une grande portée. Il eût pu cependant y intervenir en faisant présenter aux populations des candidats de son choix et en les faisant appuyer par les autorités. Il n'en fit rien.

C'est en cela surtout que consiste le libéralisme dans un gouvernement ; c'est là la marque la plus irrécusable de sa loyauté, de son intention de gouverner sous le contrôle et avec le concours de la représentation du pays.

Si ce gouvernement eût eu l'intention de gouverner en dehors des lois, c'était là pour lui le moment d'agir, en faisant composer à son gré la Chambre des représentants. Chacun sait qu'il eût réussi sans difficulté dans tous les arrondissements sans exception. Mais il n'a pas voulu suivre en cela la pratique constante de ses devanciers, et il ne s'est pas le moins du monde occupé du mouvement électoral.

Que les hommes impartiaux fassent attention à cette manière d'agir de ce gouvernement si incriminé. C'est là un fait de la plus haute importance dans la question.

Ce gouvernement était donc libéral, dix fois plus libéral que ses ennemis, qui ne l'imitent pas en pareille matière. On entend parler aujourd'hui d'élections interrompues par la force armée, de comices dispersés à coups de fusil, d'électeurs obligés de chercher un refuge dans les consulats, d'opérations électorales annulées par l'autorité et placées sous le régime de l'état de siège. Voilà de quelle manière on procède quand on veut gouverner sans contrôle, à son gré ; et c'est là, dans la plus grande énergie du mot, ce qui s'appelle violer la constitution, la fouler aux pieds.

On n'est pas libéral dans les paroles, mais dans les faits ; et le fait qui vient de s'accomplir met vivement en relief par le contraste des deux manières d'agir sur ce point fondamental de la liberté des élections parlementaires, les intentions constitutionnelles et honnêtes du gouvernement de 1867 qui, au su de tous, et personne ne peut contredire cela, a tenu à cet égard la conduite la plus loyale.

Je dis que ce point de la liberté des élections est fondamental, et j'ai raison. En effet, si un gouvernement empêche les électeurs d'élire pour représentants les citoyens qui ont leur confiance, et qu'il emploie des moyens de violence ou d'intimidation pour faire nommer ses amis, le pays n'est pas représenté. Et alors, ce contrôle de l'administration par les élus du peuple, qui est le principal objet de toute constitution représentative n'existant pas, la constitution n'existe plus. Elle est détruite par la plus odieuse des violences, celle qui prétend n'être pas violente, et qui revêt les dehors de l'honnêteté. En conséquence de cela, le pouvoir marche d'accord avec les prétendus députés, ses amis, nommés par lui-même, comme on vit en bonne harmonie avec ses compères, et il fait sans obstacle sa volonté à l'égal des gouvernements les plus absolus.

Mais ce gouvernement de 1867, contre lequel on a soulevé les populations au nom des principes, tenait à honneur de pratiquer sans arrière-pensée le vrai régime représentatif, et il l'a suffisamment prouvé, je le répète, dans cette question capitale de la formation de la Chambre des représentants, accomplie contre lui sous son autorité, et dont il ne s'est occupé en aucune façon.

Aussi la nouvelle Chambre fut-elle en très grande partie composée de ses ennemis. Il ne s'en inquiéta point. Il était bien intentionné et n'avait point à redouter la discussion.

La discussion parlementaire eût profité aux intérêts du pays et à l'honneur même de l'administration ; mais il n'y eut pas de discussion. Il y eut, dès les premiers jours, déclaration ouverte d'hostilités *sans motif* de la part de la Chambre. Et ces hostilités injustifiables contre un gouvernement âgé de trois ou quatre mois passionnèrent les esprits et amenèrent la triste confusion que je viens de raconter.

Cette confusion avait été préparée par ceux qui devaient en profiter. Peu après cette séance, le gouvernement fut instruit de tout ce qui avait été combiné à l'avance à cet égard. Des conciliabules avaient été tenus chez maintes personnes, qui depuis s'en sont vantées ; une propagande active avait été faite dans les campagnes comme dans les villes ; des imprimés même avaient été clandestinement distribués dans les populations, surtout à la capitale, pour exciter l'esprit public contre le gouvernement. J'ai eu en main plusieurs de ces imprimés.

Le président, se voyant ainsi attaquée sans qu'il eût rien fait de mal, en conçut une profonde irritation. Jusque-là il n'avait commis aucun acte de violence ; au contraire, on lui reprochait d'être mou, sans énergie. On le raillait à Port-au-Prince à cet égard. On disait qu'il passait le temps au bain, dans la nonchalance. Mais, de ce moment, il changea d'allure, et devint moins accessible aux idées d'administration strictement parlementaire dont son conseil des ministres nourrissait son esprit, plus accoutumé aux évolutions d'un escadron qu'à la tactique d'un gouvernement représentatif.

Après cette séance d'interpellation, le gouvernement donna des explications au Sénat sur toute cette affaire ; la Chambre reprit ses travaux, et bientôt la session prit fin.

***

J'avais l'espérance de voir s'ouvrir la session suivante sous de meilleurs auspices. Je fondais cette espérance sur les travaux pratiques qu'allait entreprendre le gouvernement pour améliorer en hâte l'état matériel du pays.

Une question surtout me préoccupait, m'obsédait, pour ainsi dire : celle de pouvoir arriver à relever la production agricole. Je brûlais de pouvoir faire mettre à exécution les deux ou trois idées sur lesquelles je comptais pour faire sous peu de l'agriculture la principale affaire dans le pays. Je voulais que, sans perdre de temps, le gouvernement entreprît ce qu'il y avait à faire à cet égard. Je pensais que de telles entreprises inspireraient aux ennemis de ce gouvernement l'idée de suspendre quelque temps leur haine, ne fût-ce que pour voir quel effet allaient produire ces essais de réforme. Il me semblait que tous les gens de bien, tous les bons citoyens, voyant manifester des idées oubliées dans le pays depuis vingt-cinq ans, allaient se grouper autour du gouvernement pour lui donner la faculté d'exécuter ce qu'il combinait.

J'entrepris d'abord d'expliquer moi-même, de vive voix ou par correspondance, la pensée de l'administration à la plupart des députés, à ceux qui n'avaient pas pris part à l'agression dirigée dans la première session contre le pouvoir. On peut retrouver mes lettres à cet égard. Je comptais donc sur la persuasion, sur la force morale, et non point sur l'illégalité.

L'insurrection s'aggravant de plus en plus et s'étendant dans l'Artibonite et dans l'Ouest, le président partit enfin de la capitale pour aller la combattre. Il avait laissé passer l'heure propice pour cette pacification. Il n'emmenait avec lui que fort peu de troupes. Il ne s'était pas donné la peine, à son avènement au pouvoir, d'organiser une force armée propre à faire face aux circonstances. Mes avis ne lui avaient jamais manqué à cet égard. Il était soldat ; il avait passé sa jeunesse dans l'armée ; il devrait donc, ne fût-ce que par goût, s'occuper, lui, de remonter la force publique, toute disloquée depuis les dernières guerres civiles. Dans son indifférence, il ne fit rien de cela ; et il partit contre les insurgés avec quelques centaines d'hommes mal armés, mal équipés, au lieu d'entrer en campagne à la tête de régiments réguliers.

Il obtint d'abord quelques succès, grâce au prestige qu'avait son nom et à la bravoure qu'il déployait ; mais, à la longue, l'insurrection, au lieu de décroître, s'étendit, se renforça. Elle recevait régulièrement, par l'intermédiaire du gouvernement dominicain, des munitions et des secours en argent envoyés de Saint-Marc et de Port-au-Prince. Quand le président enlevait aux insurgés un poste important et les dispersait, des émissaires, partis de Saint-Marc ou d'ailleurs, allaient en hâte réorganiser la résistance sur un autre point, et amenaient ainsi peu à peu la guerre aux environs des principales villes, où en était la direction. Le président espérait pourtant toujours venir bientôt à bout de la rébellion.

Moi, dans ce moment-là, placé par les circonstances à la tête de l'administration, je m'occupais des projets qui me travaillaient la tête ; je mettais la main à l'œuvre. Je vais rappeler à cet égard des choses qui se sont passées aux yeux de tout le monde, et je demande qu'il me soit permis de répéter ici ce que j'ai déjà dit dans un écrit qu'on a lu en hâte au milieu des événements de la guerre et dans la surexcitation des passions politiques.

Sans perdre une heure, je commençai l'exécution du plan que j'avais formé pour relever la production du pays. Ce plan consistait à *intéresser* fortement les cultivateurs à produire plus et à produire mieux qu'ils ne faisaient, à donner sécurité au travail des campagnes, à décider par là à se porter vers l'agriculture le capital et l'intelligence, qui s'épuisent dans nos villes en efforts stériles dans un commerce sans base, sans aliment ; à propager dans les campagnes les ustensiles aratoires et les instruments d'industrie agricole propres à améliorer les produits, c'est-à-dire à en augmenter la valeur ; à amener l'introduction dans le pays de certaines cultures tropicales d'une grande facilité, inconnues à nos cultivateurs, et dont le profit est considérable ; à faciliter les communications par la réparation et l'entretien des routes publiques d'après les méthodes employées de nos jours dans tous les pays qui prospèrent par le travail.

Ce n'étaient pas là des propos en l'air, des programmes sur le papier. Personne ne peut avoir déjà oublié ce que je faisais à ce moment-là pour donner, pour ainsi dire, l'enthousiasme du travail aux cultivateurs, au moyen d'encouragements puissants, ce qui devait, dans ma pensée, remplacer avec avantage la contrainte d'autrefois.

On doit, j'espère, se souvenir que j'avais déjà institué des concours d'agriculture devant avoir lieu le premier mai de chaque année dans les chefs-lieux d'arrondissement, et que j'avais substitué aux couronnes rurales inutilement décernées ce jour-là des prix en argent d'un chiffre assez sérieux pour intéresser les travailleurs et les porter à coup sûr à augmenter chaque année leurs produits et à les soigner. Ces concours ont été, cette année-là même, inaugurés, en plusieurs endroits. Je préparais une grande exposition d'agriculture et d'industrie agricole, qui devait avoir lieu à Port-au-Prince, et que les événements sont venus empêcher. Les cultivateurs des communes environnantes, auxquels j'avais fait expliquer la chose, m'apportaient en foule des échantillons de leurs produits ; j'en avais déjà emmagasiné une grande quantité, en attendant que fût prêt l'édifice où cette exposition devait avoir lieu.

On ne peut avoir oublié que je faisais faire, dans la cour du ministère des Relations extérieures, des expériences de certaines machines en usage au Brésil pour décortiquer le café ; et qu'une première quantité de ces machines, déjà demandée en France, allait être bientôt distribuée dans les habitations.

On pourra, je pense, se ressouvenir que j'avais déjà réuni plusieurs fois des propriétaires de la plaine de Port-au-Prince, pour étudier avec eux les moyens les meilleurs d'établir une gendarmerie rurale destinée à protéger ceux qui travaillent, à maintenir l'ordre dans l'intérieur, à donner sécurité aux intérêts engagés dans l'agriculture et à faire en même temps le service de la poste pour l'administration. Ces messieurs se rappelleront sans doute que je préparais avec eux les principales dispositions d'un projet de loi, simple, clair et court, à soumettre aux Chambres à la prochaine session sur ces matières.

Les débours qu'allaient nécessiter ces encouragements sérieux donnés aux agriculteurs produisant le plus et produisant le mieux, cette acquisition d'instruments et de machines, cet établissement de gendarmerie à cheval devait certainement, dès la deuxième année, produire des résultats considérables. Ces débours devaient non seulement rentrer de suite au trésor par l'accroissement des revenus résultant de l'accroissement des produits, mais encore donner à bref délai à l'administration le moyen de rétablir les voies de communication.

Maintes personnes savent que je faisais déjà dresser un devis d'un pont à construire sur la rivière de *Momance*. Les ponts indispensables qu'il faut aux principaux cours d'eau du département du Sud, à l'Artibonite, à l'Estère, à la rivière de Limbé, devaient venir de suite après. Une fois le premier pas fait, le reste deviendrait facile.

Commencer, a dit un ancien, *c'est avoir déjà fait la moitié*. J'avais commencé ; et j'étais plein de courage, plein de cette foi, dont parle l'Écriture, qui soulève les montagnes. J'avais l'ambition, l'orgueil, la passion d'accomplir des choses qui remissent le pays dans les traditions d'activité qui lui avaient fait, jusqu'aux premières années de ce siècle, l'étonnante prospérité qu'on admirait dans le monde.

Je demandais au ciel la bénédiction d'arriver à faire ce bien à mon pays. Je comptais sur le concours de mes concitoyens. J'étais persuadé que les hommes éclairés allaient m'aider, que le pays tout entier, voyant une bonne intention, la faciliterait.

On m'a vu, à Port-au-Prince, travaillant jour et nuit, sans relâche, usant ma santé au travail, dépérissant à vue d'œil, possédé, c'est le mot, de l'espérance enivrante de réussir. Et si mes concitoyens eussent voulu m'aider, tous ensemble, nous aurions réussi.

Pour écarter les obstacles qui pourraient me barrer la voie, je m'appliquais en même temps à calmer les passions politiques, à réconcilier les partis, à rallier au nouveau gouvernement et à l'idée du bien public tous les honnêtes gens, tous les hommes éclairés, tous ceux qui avaient des attaches avec le précédent gouvernement, ceux mêmes qui m'avaient persécuté et qui craignaient des représailles, suivant les habitudes politiques de notre pays. J'entrepris, dans ce but, de réunir chez moi de temps à autre les honnêtes gens de tous les partis dans des soirées où je faisais faire, par la jeunesse intelligente de Port-au-Prince, des lectures littéraires sur des sujets que je proposais.

Aucune morgue, aucune hauteur dans le pouvoir comme cela se voit le plus souvent chez nous. Je m'étais fait accessible à tous, bienveillant, prêt à aider tous ceux qui s'adressaient à moi. Je suis resté au pouvoir simple et ouvert, comme dans la vie privée. J'aurais eu honte de paraître infatué de la position que j'occupais. Je craignais de passer pour un de ces hommes auxquels une charge publique donne une valeur que ne comporte pas leur propre personne. Je tenais à valoir par moi-même et ne voulais rien devoir à cet égard à une situation accidentelle.

Ceux qui font métier d'exploiter les gens en place venaient matin et soir me dire que j'avais des ennemis, qu'on m'accusait de desseins égoïstes, qu'on formait contre moi de mauvais projets, qu'on machinait des complots contre le gouvernement ; ils me désignaient ces ennemis cachés ; ils me donnaient même des preuves de ce qu'ils disaient et me conseillaient de sévir rudement. J'ai pris des dispositions pour prévenir les troubles qu'on me signalait ainsi, mais je n'ai pas pris contre les personnes les mesures qu'on me conseillait. Je ne voulais pas recourir aux moyens violents. La plupart, cependant, de ceux qui m'étaient désignés comme agitateurs, faisaient partie ou de l'armée ou de la garde nationale, alors mobilisée ; et j'avais ordre du président de lui envoyer en hâte dans le Nord tous ceux qui appartenaient à ces catégories. Ils redoutaient cette mesure de ma part à l'égal d'un arrêt de mort : la guerre dite des *Cacos* était terrible. Je ne les ai pas fait partir. J'ai pris sur moi de les laisser tranquilles dans leurs familles, dans leurs affaires, et malheureusement pour moi, dans leurs intrigues. Ils me remerciaient le jour de la protection que je leur donnais, et ils allaient le soir à ces conciliabules où l'on combinait les moyens de renverser le gouvernement et de me faire mourir, le cas échéant.

Quelquefois, pourtant, j'ai été sensible à ces attaques sourdes, à ces malveillances sans cause, qui m'atteignaient au moment où je faisais des efforts consciencieux pour la chose publique et où je prenais tous les moyens en mon pouvoir pour rallier les citoyens autour de ce gouvernement, qui venait à peine d'être créé. Cette sensibilité s'est parfois manifestée en vifs reproches contre ceux qui se liguaient ainsi contre moi si injustement. Je les trouvais, dans mon for intérieur, de mauvais citoyens, et je le disais. J'aurais dû plutôt mépriser ces intrigues et me rappeler que ce sont surtout les bonnes intentions qui sont mal voulues et persécutées.

Cependant, cette sensibilité même dont je me fais une faute, et que j'avais le tort de laisser paraître, était la meilleure preuve qu'on pût avoir de ma sincérité dans les efforts que je faisais. L'homme faux et dissimulé, qui poursuit froidement, sous un beau masque, un plan d'égoïsme, ne s'indigne ni ne s'étonne de la malveillance qu'il peut rencontrer sur son chemin : il sent en lui-même qu'il la mérite. La nature ne lui permet pas de bien jouer le rôle de l'indignation : il se rejette celui d'un stoïcisme indifférent qui méprise l'opinion publique. Il continue tranquillement son œuvre d'intérêt et de passion ; il accumule mal sur mal en souriant ; il sourit en sévissant ; et il passe dans l'esprit du vulgaire pour un homme d'État de la bonne école.

L'honnête homme, surpris de récolter l'inimitié quand il sème le bien, s'arrête un instant, attristé, et se plaint. Cependant, réfléchissant sur la nature humaine, il hausse les épaules et reprend sa route. Ainsi j'ai fait, sans n'avoir jamais voulu qu'on pût dire un jour : « *Il a fait du mal à telle personne{10}.* »

La tâche que je remplissais à moi seul était accablante. J'avais le gouvernement presque tout entier sur les épaules. J'étais secrétaire d'État des relations extérieures, de l'instruction publique et des cultes ; et j'étais chargé de l'intérim du portefeuille de l'intérieur et de l'agriculture, ainsi que de celui de la guerre et de la marine. J'espérais que le président allait pouvoir bientôt rétablir l'ordre sur les frontières et me donner, par son retour, une situation moins agitée pour que je pusse m'occuper plus à l'aise des travaux qui me préoccupaient.

Je le tenais jour par jour au courant de ce que je faisais à la capitale pour faire estimer son gouvernement. Je lui envoyais en même temps les ressources de toutes sortes dont il avait besoin pour continuer la guerre. Il me répondait fréquemment lui-même pour m'approuver, pour m'encourager, pour m'assurer que sous peu il allait éteindre définitivement l'insurrection. Je travaillais avec courage dans l'espoir de cette paix prochaine et du succès de mes idées.

Mais on était alors à la veille des gros événements. Le président n'ayant pas pu réduire les insurgés en six ou sept semaines, comme il l'avait pensé, ses ennemis avaient redoublé d'activité et avaient organisé une prise d'armes générale.

Les députés interpellateurs étaient partout dans le département du Sud, à la tête de la propagande, poussant le peuple à la révolte. On était, à ce moment-là, prêt à se lever simultanément dans l'Artibonite, dans le Sud, dans l'Ouest et à la capitale même. Déjà les ordres du gouvernement ne s'exécutaient plus dans certains arrondissements. C'était une anarchie sanglante qui allait s'étendre sur tout le pays.

C'est alors que le président, informé de ce qui se passait et déjà gravement engagé au milieu de la lutte toujours renaissante des insurgés soutenus par ceux qui allaient prendre les armes dans les autres départements, adopta l'idée, qu'on lui donna dans son armée, de suspendre l'action des Chambres, dont la session était prochaine, pour demander au pays le moyen de rétablir l'ordre, et qu'il expédia une députation chargée d'obtenir à cet égard l'adhésion des arrondissements qui n'étaient pas encore en état de guerre. Il craignait, dans cette situation exceptionnellement critique, l'ardente hostilité de la Chambre des représentants, où il avait rencontré en grand nombre, comme on l'a vu, des ennemis déclarés, les principaux et les plus acharnés de ses ennemis, agissant de concert avec les insurgés dès l'époque de la session.

Si, alléguant cet acte, on a droit de dire qu'il a porté atteinte à la constitution, on a en même temps le devoir de faire avec impartialité l'analyse des faits et de reconnaître que ses ennemis l'y avaient poussé. Tout était bouleversé. On avait mis le feu aux quatre coins du pays. Les ennemis du président avaient, eux les premiers, violé cette constitution en organisant dans la République une vaste insurrection contre un gouvernement qui n'avait commis aucun abus de pouvoir. Lors même qu'il en aurait commis, cette même constitution traçait aux Chambres la route à suivre pour le mettre en accusation. La constitution n'avait pas un article portant que si le personnel du gouvernement n'était pas au goût des représentants, ceux-ci auraient le droit de mettre le pays en armes contre le pouvoir exécutif. On comprend l'insurrection comme dernière ressource contre un gouvernement quand on a épuisé les moyens d'opposition légale et quand ce gouvernement a lassé le pays par ses illégalités, par ses exactions, par ses crimes.

Mais le gouvernement de Salnave venait d'être établi ; il n'avait que quelques mois d'existence ; et lors même qu'il aurait eu le dessein caché d'outrepasser son pouvoir, il n'avait encore eu le temps, je le répète, de commettre aucune violence, aucune infidélité. Je défie ses ennemis de prouver le contraire. Il n'avait pas encore, comme son prédécesseur, fait fusiller des groupes de dix, douze, quatorze, dix-sept personnes à la fois, rangées de front, par des tribunaux militaires délibérant sous la consigne du chef. Il n'avait dépouillé personne de ses droits, ni porté atteinte à aucune loi.

Ce gouvernement avait jusque-là fait de son mieux pour inspirer confiance. Il déclarait à chaque occasion qu'il mettait son honneur à être libéral. Je venais de publier au *Moniteur*, sous forme de programme, un article dans lequel je disais qu'il est peu difficile et partant sans mérite de gouverner au moyen du pouvoir absolu, sans contrôle ; tandis que le mérite, l'honneur, la gloire d'un homme d'État, consistent à conduire parlementairement les affaires publiques, c'est-à-dire au moyen des procédés pour ainsi dire scientifiques du régime représentatif.

On n'avait donc pas de motif, tout homme impartial le reconnaîtra, pour mettre ainsi tout ce pays en armes. La présidence temporaire a été inventée dans les républiques pour éviter les guerres civiles. Elle est fondée sur cette raison que : lorsqu'un gouvernement n'est pas ce qu'il doit être, on le supporte en protestant pendant le peu de temps qu'il a à vivre, afin que, son terme arrivé, on s'en débarrasse et lui fasse rendre compte de son administration sans passer par les malheurs et les ruines qu'accumulent naturellement les révolutions.

Si, quelques jours après avoir élu le général Salnave président de la République, on avait reconnu subitement qu'il était indigne de cette fonction, on aurait dû attendre que les actes de sa politique et de son administration vinssent prouver son indignité. Et quand la résistance légale aurait été reconnue inefficace, quand on l'aurait vu, en pleine paix publique, déployer les horreurs d'un Caracalla{11}, dilapidant et massacrant, alors on eût eu raison de prendre les armes pour sauver la chose publique.

Mais avant que cet homme eût commis les forfaitures et les forfaits que ses ennemis le disaient apte à commettre et qu'ils désiraient qu'il commît, quelques mois seulement après son élection, on l'enveloppa, par esprit de parti, dans le réseau de fer d'une conspiration ourdie dans toutes les parties du pays. Et quand, exaspéré, ahuri, mis hors de lui-même par cette attaque inattendue et périlleuse, cet homme recourt à un moyen suprême et désespéré de se défendre, on l'accuse d'avoir violé la loi de l'État. En conscience, cette façon de procéder est-elle loyale ?

Ce n'est pas moi qui peux être partisan des coups d'État. Ce n'est pas pour moi que le passage du Rubicon{12} et le dix-huit brumaire{13} sont des dogmes. Parmi ceux qui dirigeaient cette insurrection faite au nom des libertés publiques se trouvaient des gens qui avaient été les amis, les approbateurs et les serviteurs zélés des deux précédents gouvernements ; lesquels, comme chacun sait, ne professaient pas un respect bien religieux pour les principes libéraux. On a conservé un mot caractéristique de l'un des principaux d'entre eux qui, à propos de députés opposants sous un autre gouvernement, sorte de gens qu'il considérait comme d'indiscrets idéologues, a dit : « Qu'on m'en donne l'ordre, j'aurai bientôt, avec deux pelotons, balayé tous ces discoureurs. » Je nommerai, si le cas y échet, cet homme *à poigne* devenu tout à coup un Brutus{14}, un chef du parti soi-disant libéral. D'autres, qui étaient comme ce dernier à la tête de l'insurrection, sont encore plus tristement connus sous ce rapport. Ce n'est donc pas moi, parmi ce monde-là, qui suis un suppôt de pouvoir absolu. Ce n'était donc pas pour les libertés publiques que ces messieurs-là avaient soulevé le pays. Les libertés publiques, je le répète encore, n'avaient reçu aucune atteinte.

Mes ennemis ont cru triompher en disant qu'après avoir écrit avec véhémence contre les dictatures, je me suis montré favorable à une dictature. Ils savaient bien qu'ils calomniaient en disant cela, et que je n'ai jamais eu que les sentiments les plus avouables ; mais que voulez-vous ? C'est la tactique. Ils espéraient pouvoir se servir contre moi de la vieille manœuvre au moyen de laquelle certaine cabale a toujours pu jusqu'ici, à force d'intrigue et d'audace, et abusant de la crédulité publique, distribuer les réputations dans le pays, dénaturer les faits, changer le sens des choses, fausser les intentions, mentir effrontément, controuver et inventer, arranger l'histoire à sa fantaisie, faire passer ses ennemis dans l'esprit des masses pour ce qu'elle appelle *des mauvais sujets*. Cela est connu.

On se réunit, on délibère, et l'on s'arrête à peu près à ceci : « Nous dirons et ferons dire de tel ou de tel qu'il avait telle intention en disant telle chose, qu'il est de telle façon, qu'il a même commis tel crime. Cela sera répété, cela sera cru, grâce à nos efforts, à notre persévérance ; et avec cela, notre homme est perdu.» Ce procédé de Basile{15} a toujours réussi jusqu'à ce jour. Le pauvre peuple, qui ne se doute de rien, croit bénévolement ce qu'on lui dit, se met lui-même de la partie, et laisse ainsi calomnier et persécuter l'innocent, l'honnête homme, et souvent ses meilleurs amis.

Mais les mauvaises actions trouvent enfin leur terme. Aujourd'hui l'on peut lire, et chacun peut arriver à se rendre compte par soi-même de ce qui s'est passé comme de ce qui se passe pour en bien juger sans truchement, sans la version des calomniateurs, des faussaires. Ces gens-là perdraient le pays si on les laissait ainsi exploiter l'intrigue. Ils n'ont déjà fait que trop de mal dans cette triste industrie.

Je n'ai rien à rétracter de ce que j'ai dit dans d'autres temps. Tel j'étais il y a quatorze ans quand je suis entré dans la vie publique, tel j'ai été plus tard quand je me suis trouvé au pouvoir, c'est-à-dire ayant pour maxime en fait de politique ces mots que j'avais donnés pour épigraphe au journal *l'Avenir* et qui ne cesseront pas d'être la formule complète de ma conviction : *Le progrès par l'ordre et par la liberté.*

Dans des temps d'ordre et de paix publique, la dictature, c'est-à-dire le pouvoir d'un seul, sans contrôle et sans limites, est un non-sens, un danger, un outrage, une abomination, qu'une nation ne doit jamais souffrir. Je n'ai jamais cessé d'être de cet avis.

Quand on a allumé dans un pays les torches de l'anarchie, quand on a tout mis sens dessus dessous, quand toutes les existences sont menacées, quand on a poussé la société au bord de l'abîme, quand le raisonnement est jeté à la porte et que la parole est aux coups de fusil, le pouvoir confié à un chef pour rétablir l'ordre est l'unique ressource qu'on connaisse jusqu'ici pour sauver la chose publique.

En juin 1848, on jugea en France qu'il n'y avait d'autre moyen de préserver la société des désastres dont elle était menacée que de remettre les pouvoirs au général Cavaignac{16}, ce qu'il eût été absurde et criminel de proposer si le sang ne coulait dans les rues ; si les factions, en armes, n'avaient mis le pays en pleine guerre civile.

On ne saurait être plus républicain que ces anciens Romains, qui ont créé la chose et le mot. Dans les *graves dangers* de la patrie, mais seulement dans ces graves dangers, ils suspendaient le régime consulaire et s'en remettaient à un citoyen du soin de les tirer du péril. Il leur semblait *dans ces cas-là* que l'existence d'une nation valait un peu plus qu'un article de loi. Mais dès que la sécurité était revenue, cet article de loi redevenait pour eux un sacrement, une religion. Ils élevaient dessus la grandeur de l'État.

Chez les Anglais, la terre classique de la liberté politique et du gouvernement parlementaire, l'*habeas corpus{17}*, l'une des plus précieuses libertés de la nation, est suspendu quand la société est *en danger*. Et jamais un pays ne s'est trouvé dans une situation aussi périlleuse que celle au milieu de laquelle le président Salnave recourut à la résolution désespérée de demander la suspension du jeu des institutions pour pouvoir lutter contre l'anarchie.

À ce moment-là, en effet, la conjuration arrivée à son point de maturité, on prit les armes dans la même semaine à Saint-Marc et dans tout le Sud, à la faveur des difficultés qu'éprouvait le président dans sa lutte impuissante contre les insurgés du Nord.

Ces prises d'armes simultanées s'annoncèrent par des proclamations où l'on déclarait en termes formels qu'on se joignait aux *Cacos* contre le gouvernement de Salnave. J'ai en main plusieurs de ces papiers. Il n'est besoin de rien de plus pour prouver que, dès l'origine, ces révoltés désignés sous le nom de *Cacos* agissaient de concert avec les ennemis cachés du gouvernement, lesquels se montrèrent à l'heure propice. Il suffit de cela pour convaincre tout homme de sens et de conscience que cette insurrection dite des *Cacos* était, dès l'élection même du président, soutenue et entretenue par les amis du précédent gouvernement et par d'autres personnes voulant arriver au pouvoir, lesquels, dès qu'ils eurent appris le vote de l'Assemblée constituante en faveur de Salnave, avaient juré de lui créer des embarras pour arriver à le renverser. Et le rôle de chefs militaires que prirent, à la tête de l'insurrection du Sud, la plupart des représentants qui avaient ouvert la lutte par l'interpellation mentionnée plus haut, dispense de rien ajouter à cet égard.

On se hâta de m'écrire de Saint-Marc des lettres, que j'ai conservées, pour essayer de me gagner à l'insurrection ; je répondis à cela en donnant l'ordre au délégué du président dans l'Artibonite de faire immédiatement arrêter ceux qui m'avaient écrit, ainsi que leurs adhérents, ils sont aujourd'hui au pouvoir : ils ne diront pas que je cherche leurs bonnes grâces.

La révolte éclata en même temps à la capitale. La maison que j'habitais fut assaillie à coups de fusil. Je luttai de mon mieux avec le peu de soldats que le président avait laissés à Port-au-Prince. Je résistai à l'insurrection, qui étreignait la capitale de plus en plus chaque jour, marchant contre elle par le nord et par le sud. Les têtes de colonnes étaient, d'un côté, à la Croix-des-Bouquets ; de l'autre, à Léogane. Elles marchaient.

Je refusai de me retirer du gouvernement, malgré les avis pressants et les conseils que je recevais à chaque instant ; malgré les offres de salut que me faisaient chaque jour les représentants des puissances étrangères. Je restai à mon poste au péril de ma vie, au milieu de l'émeute grandissant d'heure en heure dans les rues de Port-au-Prince, et éclatant chaque après-midi et toutes les nuits en vives fusillades. Je restai, fidèle au devoir et au chef que je représentais, jusqu'au jour où il put, contre l'attente de ses ennemis, venir débarquer à Port-au-Prince avec les débris de ses troupes, après avoir été obligé de combattre sur toute la route dans sa retraite. Si j'avais déserté mon poste, comme on m'avait si instamment conseillé de le faire, et comme beaucoup d'autres l'eussent fait à ma place, ou pour échapper à de si graves dangers, ou pour se préparer un lendemain, la capitale aurait été, deux heures après, occupée par les troupes de l'insurrection, et c'en était fait du président Salnave qui, ne pouvant revenir à Port-au-Prince, eût été obligé d'aller je ne sais où guerroyer sans ressources et sans troupes contre ses ennemis, maîtres du pays.

Son arrivée à Port-au-Prince y comprima la révolte et remplit de terreur les ennemis déclarés ou cachés qui travaillaient contre lui dans cette ville. On crut que, possédant la capitale, avec sa réputation de courage et d'intrépidité, il allait pouvoir vaincre les rebelles. Alors, on se mit à le flatter, à le caresser, et, en attendant qu'on pût à coup sûr le perdre, on monta un second complot, un complot *subsidiaire*, un complot *avant faire droit*, comme on dirait au palais ; ce dernier, contre moi.

Quelques-uns, par envie ; d'autres, par calcul et dans l'idée qu'on parviendrait plus facilement à renverser Salnave en lui ôtant le concours sincère que je lui donnais, s'appliquèrent à me perdre dans son esprit. On s'entendit à cet effet avec un homme qui disposait du président comme d'un enfant, un homme capable de toutes les mauvaises actions, et qui a été, depuis 1865, le mauvais génie de Salnave. Cet homme-là, le nommé Saint-Lucien Emmanuel, me détestait profondément sans que je le susse, parce que je parvenais souvent, moi présent, à écarter l'esprit de Salnave de son influence dangereuse. La haine de ces sortes de malfaiteurs est faite pour honorer les honnêtes gens. Il accepta avec bonheur le rôle qu'on lui proposa. Grâce à l'intermédiaire de cet homme-là, on fit croire au président que j'avais usé du pouvoir à mon profit en son absence. On le persuada même que, sous cette activité que je mettais au service de l'administration, je cachais un but personnel : celui de le montrer comme incapable, de le discréditer, d'arriver enfin à le supplanter. Il prêta l'oreille à ces calomnies ; mais il n'eut pas le courage de suivre en ma présence les conseils qu'on lui donnait contre moi. Mes services étaient là trop visibles, trop palpables, trop récents, trop actuels ; mon dévouement était trop incontestable, trop patent, trop sincère, trop indiscutable ; mon zèle, trop évident. Il m'appela à part, me dit que des ennemis nombreux tramaient ma perte ; me représenta que le moment était critique, qu'il lui était difficile de me défendre, et me pria d'accepter une mission diplomatique en Angleterre, en attendant que, le calme revenu, il me rappelât à mon poste. Je réfléchis, je compris ce que ça voulait dire, je donnai ma démission de ministre, et je partis.

Je n'étais pas encore arrivé en Europe que le président se déclara lui-même ouvertement contre moi, cédant à la cabale devenue plus violente encore de mes ennemis, qui craignaient que je ne fusse rappelé.

Il ne suffisait pas à ces gens-là que je fusse absent, il fallait que je fusse persécuté. Il ne suffisait pas au sort que je fusse persécuté par les ennemis de Salnave, ce qui était dans l'ordre des choses ; il fallait que je le fusse de plus par Salnave lui-même. Il me révoqua brutalement de la charge qu'il m'avait fait accepter, sans m'en envoyer un mot d'avis. Il se livra contre moi en public et chaque jour aux propos les plus outrageants. Il fit traduire de l'anglais et reproduire au *Moniteur* des injures lancées contre moi par nos ennemis communs de la Jamaïque. Il fit enfin tout ce qu'il put pour me faire passer pour un mauvais citoyen, pour essayer de m'avilir.

Placé dans cette situation étrange et cruelle : poursuivi, d'un côté par les adversaires du président Salnave, qui ne me pardonnaient pas de lui avoir conservé le pouvoir à la capitale, et de l'autre par l'homme lui-même pour lequel je venais de me faire ces ennemis et envers qui je venais de montrer tant de fidélité, de loyauté, de dévouement, une douleur sans nom s'empara de moi. Je sentis la fièvre de l'indignation, d'une indignation qui me fit souhaiter de mourir à ce moment-là pour fuir le spectacle que m'offraient les hommes, et j'écrivis une brochure{18} pour défendre mon honneur brutalement attaqué. Dans cette brochure, que je maintiens aujourd'hui dans son entier, je rappelai à mes concitoyens les travaux que je venais d'entreprendre pour le bien de notre pays, je repoussai les imputations grossières dont j'étais, l'objet, et je reprochai au président Salnave l'ingratitude dont il récompensait ma sincérité. Cette brochure elle-même, faite non pour attaquer, mais pour ma défense, chose si naturelle, on me l'a reprochée.

Ici encore je suis obligé, malgré que j'en aie, de m'éloigner quelque peu de l'objet principal qui me fait écrire. Les accusations qu'on a élevées de toutes parts contre moi à cet égard me mettent dans la nécessité pénible de parler de ce qui me concerne plus longtemps que je ne le voudrais. Les faits dont il est question seront un jour de l'histoire dans mon pays ; il importe qu'ils soient expliqués de mon vivant. La vie est fragile, je peux cesser d'être d'un moment à l'autre. J'écris aussi, d'ailleurs, pour défendre le devoir et la justice attaqués dans ma personne. Qu'on ait donc la bonté de m'écouter un instant sur ce sujet de peu d'intérêt, je le comprends, pour mes lecteurs.

J'eus la stupéfaction d'entendre dire que je n'aurais pas dû me défendre contre un homme qui faisait de son mieux pour me déshonorer, parce que j'avais été le ministre de cet homme et son ami ; ce qui revient à dire que si l'on a été lié d'amitié avec quelqu'un, ce quelqu'un peut accumuler sur vous toutes les sortes d'outrages sans que vous ayez le droit de dire un mot pour votre défense. On n'avait pas une parole de blâme pour le chef d'État qui traitait comme un malfaiteur un honnête homme qui venait de lui témoigner une fidélité à toute épreuve, et l'on trouvait mauvais que la victime, au fort de la souffrance, fît entendre un cri de douleur et défendît son innocence ! On voulait ainsi, ô cruelle injustice des hommes ! que je consentisse à passer pour un homme indigne, parce que je m'étais montré précédemment l'ami de celui qui m'accablait avec acharnement pour faire plaisir à mes ennemis, et dans l'idée de s'affirmer par là dans ce pouvoir que je venais de lui conserver au péril de ma vie ! On voulait que je me tusse comme un coupable quand on s'appliquait à me perdre dans l'esprit de mes concitoyens !

Cela est-il dans la nature humaine ? Et ceux-là qui m'ont fait ce reproche bizarre auraient-ils, eux à ma place, consenti à être avilis par un autre parce qu'ils auraient eu avec cet autre des relations amicales dans la confraternité d'une cause politique ? Qu'ils mettent la main sur la conscience et qu'ils répondent !

Je ne me suis pas plaint du fait de la révocation : on ne peut se trouver blessé de la perte d'une charge publique. Je ne me suis pas plaint non plus de la manière injurieuse dont cette révocation a eu lieu : cela pouvait être le fait de ceux qui poussaient le président contre moi. Mais j'avais à repousser avec énergie les calomnies sorties en public de la bouche même du président Salnave, les outrages de tous genres qu'il répandait sur moi à Port-au-Prince. Plus j'avais été sincère envers celui qui me traitait ainsi, plus je devais être sensible au mal qu'il voulait me faire.

Je sais ce qu'on doit de fidélité, d'inébranlable attachement à une cause politique une fois adoptée : j'en ai donné, j'espère, des preuves assez sérieuses ; je suis prêt à tout subir pour ne jamais me départir de cette fidélité, tout, hormis l'avilissement.

Il n'est pas un homme ayant un cœur qui consente à être déshonoré par un autre, par la seule raison qu'il aura été l'ami de cet autre. En politique, comme en toute autre matière, l'homme d'honneur peut se résigner à tous les sacrifices, excepté celui de sa considération. L'homme le plus résigné à souffrir ne supporte pas qu'on vienne lui dire : « Tu es un misérable. » Saint Jérôme éteignait sa vie dans les austérités de l'ascétisme ; il ne pouvait cependant endurer la calomnie.

Si, en me révoquant pour donner satisfaction à mes persécuteurs, le président m'eût envoyé un mot pour me dire qu'il se conformait, en le faisant, aux exigences de sa politique ; si même, sans m'en donner avis, comme le voulait l'usage et comme le méritaient mes services, il ne se fût pas mis à répandre sur mon compte en public les injures les plus graves, je me serais tu ; je n'aurais jamais dit un mot, bien que cette révocation, si subite après mon départ, eût été, à elle seule, en raison de ma situation exceptionnelle, de nature à autoriser contre moi les plus mauvaises préventions.

Il y en a qui disent que j'avais élevé Salnave trop haut pour avoir le droit d'écrire contre lui. Ils oublient d'abord, en disant cela, que je n'ai pas écrit pour attaquer, mais pour me défendre. En outre, je défie mes ennemis de produire un papier quelconque où j'aie en aucun temps présenté Salnave comme destiné à gouverner le pays.

Au Cap, en 1865, durant la lutte de la révolution, j'ai parlé de lui dans les *bulletins* comme d'un homme d'un rare courage, d'une héroïque énergie, d'un admirable sang-froid dans le danger ; je maintiens cette appréciation. Je n'ai jamais dit qu'il fût un homme providentiel. C'est la triste habitude d'exagérer qu'on a chez nous, qui, suspendant l'action de la réflexion et de la mémoire, me fait attribuer des choses que je n'ai pas dites.

Il est de notoriété publique qu'il a été question au Cap, durant le siège, d'acclamer Salnave président, et que je me suis opposé à ce projet, en soutenant que le pays seul avait le droit de se donner un chef par le choix de ses représentants, nommés à cet effet. À Saint-Thomas, dans mon premier exil, j'ai plus d'une fois dit, dans des réunions d'exilés qui s'y trouvaient avec moi, que le général Salnave était appelé à rendre de grands services au pays ; mais qu'il n'était pas préparé au rôle de chef de l'État, ainsi que lui-même le disait alors. L'un de ces exilés pensait autrement ; il est mort aujourd'hui : il ne peut me rendre témoignage ; les autres, qui liront ces lignes, se souviendront sans peine de la circonstance que je rappelle ici.

Je soutenais au Cap et honorais, comme il le méritait, le chef militaire de la révolution ; je ne l'ai jamais désigné pour chef de gouvernement ;

je répète que je défie mes persécuteurs de soutenir le contraire. Je n'ai jamais eu besoin de flatter personne ; on avait, au contraire, besoin de mon concours.

Quand, plus tard, Salnave a été élu président de la République par les suffrages de l'Assemblée nationale, je n'étais pas là. Appelé, quelque temps après, à faire partie de son gouvernement, je pris à la fois la résolution de me rendre utile à mon pays et de l'aider, lui, à bien remplir son devoir de président, ce qu'il eût fait avec l'assistance de son ministère, comme tous les chefs d'État, si l'on n'avait pas, dès son élection, formé cette conspiration qui a bouleversé le pays et qui est parvenue à le renverser.

J'ai rempli jusqu'au bout mes devoirs envers lui, avec un zèle et une fidélité qu'on ne rencontre pas dans les rues par les temps qui courent. Puis, oubliant tout, et mes sentiments et mes services, préférant des misérables à un ami vrai, à un bon citoyen, cet homme, sans hésiter, sans motif, pour de simples calculs, me livre en pâture à mes ennemis et entreprend de me perdre dans l'esprit public. J'écris pour me défendre, et l'on me reproche de m'être défendu ! L'injustice et la passion peuvent-elles atteindre un plus haut degré ?

D'autres, cependant, qui avaient, comme moi, coopéré à la révolution de 1865, et qui avaient été, comme moi, les compagnons de Salnave dans la lutte et dans l'exil, ayant eu plus tard à se plaindre de lui, s'étant sentis offensés par lui, non pas, comme moi, dans leur honneur, mais dans leur amour-propre, ont pris les armes contre lui, ont marché contre lui à la tête de ses ennemis, ont déterminé sa chute du pouvoir ; et ceux-là, on ne leur en veut pas, on ne leur reproche rien ; tandis que moi, qui suis resté fidèle jusqu'au dernier moment malgré les dangers, on me fait un crime de deux lignes écrites pour me justifier aux yeux de mon pays, après les offenses les plus cruelles.

On dit que je n'aurais pas dû écrire pour me défendre contre un ami politique ; et il ne s'était trouvé personne pour dire au président qu'il fallait, sinon respecter, du moins épargner, ménager un compagnon d'infortune qui avait subi pour sa cause de rudes malheurs, qui avait porté à lui seul tout le poids des vengeances du pouvoir en 1865, et qui venait de faire preuve d'un dévouement si incontestable. Qu'avais-je fait à Salnave pour mériter le traitement que j'ai subi ? Et pourquoi ne lui a-t-on pas fait remarquer qu'il n'était pas loyal de vouloir perdre de réputation un ami politique dont la sincérité était si évidente ? Si, quand il a commencé les persécutions dont j'ai été victime, il s'était trouvé du monde auprès de lui pour défendre cette idée des égards qu'on doit aux amis politiques, on l'aurait fait rentrer dans sa conscience, on l'aurait fait revenir à la raison, il aurait moins docilement obéi à ceux qui le poussaient, et il ne m'aurait pas fait si lestement le mal dont j'ai souffert et qui m'a mis dans la nécessité de me justifier. Mais non, chacun l'approuvait ; et tous ensuite ont trouvé dans la justice de leur conscience que je n'aurais pas dû dire un mot pour ma défense.

On ne m'aurait pas trouvé plus coupable si j'avais fait des démarches auprès des ennemis de Salnave pour entrer en grâce auprès d'eux. Mes persécuteurs n'ont-ils donc pas honte de montrer ainsi leur haine forcenée ? Ne craignent-ils pas de laisser voir, par des attaques aussi bizarres, aussi absurdes, aussi inouïes, que leurs mauvais sentiments leur font perdre la tête ?

Et qu'ai-je donc fait, moi, pour mériter une haine de cette espèce ? Pour quel motif se trouve-t-il qu'on me poursuit comme on n'avait jamais encore persécuté un homme politique dans mon pays ? Ne dirait-on pas, à voir cette persécution si acharnée, que j'ai pris part à des massacres ? ou que j'ai fait mourir des centaines de malheureux dans des forts *Labouque*, mangés en vie par les reptiles ? ou que j'ai enlevé la caisse publique ? ou même qu'on m'a surpris en train de vendre à l'étranger la liberté de mon pays ?

Comment ! on estime, on vénère des gens qui ont été mêlés aux événements les plus sanglants qu'ait subis ce pays ; on respecte, on honore des gens qui ont passé leur vie à piller paisiblement le trésor public d'une manière ou d'une autre, qui n'ont jamais su travailler pour gagner leur vie, et qui n'ont jamais vécu qu'en dépouillant le pays sans pouvoir lui être d'aucune espèce d'utilité ; on aime, on chérit, on caresse même des malfaiteurs qui ont exercé le pouvoir avec haine, avec violence, avec mille passions brutales ; et l'on poursuit sans trêve ni merci un citoyen sans esprit de parti d'aucune sorte, qui s'est montré au pouvoir bienveillant envers tous ceux qui, amis ou ennemis, s'adressaient à lui ; un malheureux qui, à peine sorti de l'exil, a repris, onze mois après, la route de l'exil, sans fortune, en butte à tous les orages du sort ; un patriote plein de bonne volonté, qui a entrepris, dans le peu de jours qu'il est resté aux affaires, de mettre le pays en chemin de se relever ; une victime de sa propre bonne foi, ayant horreur de ce qu'on appelle le machiavélisme, qui s'appliquait à pacifier l'État, à réunir dans une franche entente les Haïtiens de tous partis divisés par les passions politiques ! Ah ! une telle conduite peut faire dire de nous, mes concitoyens, que l'on préfère dans notre pays celui qui opprime, celui qui trompe, celui qui tue à celui qui apaise, qui rassure, qui aime le bien et qui le pratique !

Je devais m'arrêter quelque temps sur cette circonstance de la persécution dirigée contre moi par le président Salnave et sur l'écrit que j'ai dû faire pour me défendre ; les attaques de toutes sortes dont j'ai été l'objet à cet égard rendaient la chose nécessaire, indispensable. Mais, cela fait, je n'ai rien à ajouter à ce que j'avais à dire touchant la présidence de Salnave et son gouvernement. Le reste s'est passé en mon absence : je ne suis pas autorisé à en parler. On dit que des violences et des exécutions terribles ont eu lieu de part et d'autre en ce temps-là, après mon départ, dans le cours de la guerre ; je n'en sais rien, je n'en puis rien dire ; j'étais en Europe, persécuté à la fois par les deux partis qui se combattaient, ainsi qu'il arrive le plus souvent aux bons citoyens dans les guerres civiles.

Les ennemis de Salnave, ayant eu le dessus, le firent mourir, et, ne m'oubliant pas dans mon exil, me condamnèrent à mort, faute de mieux me condamner à mort, c'est-à-dire déclarer vouloir m'assassiner ! Est-ce ainsi qu'on fait bon marché de la vie d'un citoyen qui ne fait pas honte à son pays à l'étranger ? ... Avez-vous un si grand nombre de ces citoyens aimant leur pays comme on aime sa famille et en état d'en donner au-dehors une bonne opinion, que vous puissiez ainsi, lestement, sans hésiter, sans vous gêner, condamner à mort un de ceux-là ? Et pour quel motif, pour quel genre de crime, me désigner, moi, à être fusillé ? Qui m'a jugé ? Est-ce le tribunal qui avait qualité pour le faire ? — Un conseil de guerre ! — Suis-je militaire ? Avais-je pris part à la guerre ? Étais-je un factieux, un rebelle, un contumace ? N'est-ce pas vous, au contraire, qui étiez les factieux, les rebelles, qui vous étiez insurgés contre le gouvernement légitime, dont j'avais fait partie ? Qui m'a défendu dans votre jugement ? Qui m'a appelé à me défendre ? Étais-je en fuite ? Est-ce ainsi qu'on rend la justice et qu'on observe les lois quand on est des *libéraux* ?

***

C'est en se servant du nom des principes libéraux qu'on avait allumé contre Salnave cette guerre qui a coûté au pays tant de ruines et tant de sang. Il était naturel de penser que, Salnave renversé, on allait se servir de ces principes pour opérer dans l'administration de la chose publique les améliorations dont le pays a si grand besoin.

Depuis trois ans que ce gouvernement de Salnave est détruit et que les *libéraux* sont au pouvoir, on a vu, il est vrai, des améliorations, mais dans des situations personnelles ; on n'en a pas encore vu dans la chose publique.

Non seulement on écarte du pied les principes en question de la façon la plus cynique, ainsi qu'on vient de le voir à propos des élections, mais encore on n'a nul souci du bien de l'État.

On n'a rien fait, on n'a rien entrepris, on n'a rien tenté de sérieux d'une manière sensée pour essayer de changer quelque chose au triste état de notre pays, qui se débat en ce moment comme dans les convulsions de l'agonie aux mains de ceux qui l'ont bouleversé et qui sont incapables de faire quoi que ce soit pour le relever. On n'entend que ruines, que désastres de tous les côtés. Les familles sont dans la misère la plus complète, et l'État lui-même en pleine banqueroute.

Néanmoins, des individus en grand nombre, des *libéraux-radicaux*, ont fait leurs affaires. Il est vrai que c'est radical, cela, en ce sens que c'est là du positif, du solide, du réel, du progrès bien entendu ; mais libéral, on ne voit guère en quel sens cela peut l'être.

Or, chacun le sait, des fortunes particulières, subitement faites au milieu même et à la faveur de ces événements, ont depuis étalé en pays étranger un luxe, grotesque il est vrai, mais inconnu jusqu'alors aux Haïtiens.

Des vieillards même, qui, dans la rigidité stoïque avec laquelle ils parlaient naguère sans nécessité des libertés politiques dans le parlement, semblaient avoir revêtu le rôle austère de Marcus Caton{19} ou de celui d'Utique{20}, ayant opéré, grâce aux événements, des *améliorations* dans leur situation, ont été vus à l'étranger, à la honte du pays, traînant leur gravité curule et leurs grands principes dans des débauches dont rougissent les jeunes gens mêmes, à qui leur âge peut faire pardonner le goût honteux de ces orgies.

D'autres, défenseurs ardents des principes la plume à la main, comme Armand Carrel; éloquents à la tribune, comme l'était Jean Chrysostome{21} ou *bouche d'or* à la chaire; sévères dans le devoir civique comme Saint-Just{22}, viennent de se signaler d'une manière éclatante par le pot-de-vin parlementaire qu'ils se sont partagé dans l'affaire de l'emprunt dernièrement effectué à Port-au-Prince. Ils ont donné une nouvelle fois, par ce tant pour cent *civilisateur* dont tout le monde parle, la clef de cette ardeur qu'ils ont mise à agiter le pays pour renverser un gouvernement qui venait à peine d'être établi.

Ils ont assez clairement témoigné par là que leur but était de ne pas avoir de *l'or* seulement à la *bouche*, comme l'éloquent Père de l'Église auquel je viens de les comparer pour le talent, mais aussi à la main, dans la poche.

Tous enfin ont montré depuis le succès de leurs intrigues ce qu'ils cherchaient si bruyamment dans les principes libéraux, dont ils parlaient si mal à propos.

Cependant, s'il a été ainsi pourvu au sort des particuliers, pour couronner, sinon de laurier, mais d'or, laurier plus solide, les services rendus à la *cause libérale*, du moins le sort de l'État, il faut le présumer, n'a pas été non plus négligé? — Certainement non, me répondra-t-on; et ce, témoin les dissertations *savantes,* chaque jour déroulées à la tribune depuis trois ans sur la chose publique, sur le bien public, sur la prospérité publique, sur les libertés publiques, sur le bonheur public, sur tout ce qu'il peut y avoir enfin de *public* à édifier en Haïti d'une manière sérieuse et solide, *par la parole* !

Pourtant, messieurs, ce n'est pas là précisément le but de ce qu'on appelle les principes libéraux. Il n'en est pas de la politique comme de l'art ou de la poésie, qu'on peut cultiver pour eux-mêmes, sans chercher un résultat immédiat en dehors d'eux. Les principes républicains, dont nos prétendus libéraux ont fait tant de bruit dans l'intérêt de leurs combinaisons personnelles, n'ont pas pour objet un culte platonique. Ils ne sont pas faits seulement pour qu'on en parle à son aise, tout son soûl et sans être contrarié, dans des assemblées ou dans des journaux. Ils seraient risibles s'ils n'avaient que cela pour fin. Ils sont faits pour être appliqués, pour produire des résultats effectifs, matériels. Ils ont pour but de rendre plus facile et plus sûre la prospérité des peuples.

Quand, dans un pays, par le progrès de la raison, la notion du droit et celle correspondante du devoir ont fait sentir la nécessité de fonder la vie sociale et l'État sur les bases rationnelles des libertés politiques et du régime parlementaire, c'est dans le but de se servir de ces institutions pour améliorer la situation matérielle et morale de toutes les classes de la société, en développant l'activité publique ; c'est-à-dire en employant les vrais moyens de développer le travail, pour propager, par suite de cela, le bien-être général dans la liberté.

Trouver ces moyens de créer le bien du peuple et de l'État à l'aide de la liberté et de l'ordre légal est la tâche, l'unique tâche des hommes d'État, quand ils se disent libéraux, et surtout quand ils ont en main un pouvoir tranquille, non disputé.

Déclamer n'est pas la tâche, tant s'en faut ; permettez-moi de vous le faire remarquer, honorables messieurs. On peut pérorer dix ans durant sans faire rien qui vaille, n'en déplaise à votre faconde. Faire de longs discours, voire même de *beaux discours* entre les quatre murailles de la salle d'une Assemblée à Port-au-Prince ; entretenir avec un pouvoir composé d'*amis* de touchants rapports de courtoisie, de sympathie, d'estime mutuelle ; se trouver bien, s'applaudir, se contenter de cette éloquence et de ces bons rapports ; sentir dans sa satisfaction que tout est pour le mieux dans le meilleur des mondes possibles ; cela s'appelle piétiner sur place, cela ne s'appelle pas marcher. Et, on le sait de reste, quand on ne marche pas dans la vie sociale, on ne reste pas en place : on recule.

Si le régime libéral ne devait pas donner la prospérité, le progrès, les peuples eux-mêmes n'en voudraient pas. La démocratie n'aurait aucun sens si elle ne devait assurer aux sociétés, en même temps que la jouissance paisible des

droits civils et politiques, ce développement de
l'activité humaine qu'on appelle le progrès, et
pour lequel l'homme a été créé.

On s'est servi du système représentatif en
Angleterre, non point pour exécuter des joutes
oratoires, mais pour créer cette prospérité
matérielle et cette rectitude d'esprit qui font la
grandeur du peuple anglais.

Aux États-Unis d'Amérique, le régime
démocratique a été adopté en vue de produire
cette richesse agricole, industrielle, commerciale,
qui fait aujourd'hui, avant cent ans
d'indépendance, la puissance étonnante de cette
nation.

Qu'on ne dise pas que je n'ai pas raison de
comparer ce qui se passe en Haïti avec ce qui se
fait chez ces grands peuples ; ce n'est pas moi
seul qui raisonne ainsi : l'Assemblée constituante
de 1867 a donné au pays une constitution à peu
près semblable à celle de la grande République
des États-Unis, ce qui signifie que les
constituants jugeaient le pays en état de tirer de
cette constitution le parti qu'a tiré de la sienne la
Confédération de l'Amérique du Nord.

Et remarquez bien que je ne viens pas dire que
de grands progrès auraient dû être opérés
depuis trois ans, mais que, dans cet espace de
temps, relativement long, on aurait dû être entré
dans le chemin qui mène à ces progrès. Dira-t-on
qu'on y est entré ? — Je réponds non.

Non, évidemment non, on n'y est pas ; on en est loin. Et je vais le prouver d'une manière aussi claire qu'on démontre en géométrie la ligne droite comme le plus court chemin d'un point à un autre.

Tout gouvernement qui, en Haïti, croit faire des réformes, croit produire de l'amélioration en s'occupant de réviser les lois de douane ou de remplacer un papier-monnaie par un papier-monnaie, ne fait rien de sérieux, rien qui vaille. De même, tout gouvernement qui fait croire à ce pauvre peuple qu'il travaille à son bonheur en s'appliquant à refaire des lois sur les finances ou à opérer, dans la situation actuelle des choses, le retrait subit du papier-monnaie, ou à toute autre histoire de cette espèce, joue la comédie et trompe le pays.

La question n'est pas là. Elle est dans l'agriculture. Elle est tout entière dans l'agriculture, dans l'habileté qu'il s'agit d'avoir pour *trouver le moyen* de développer les ressources du sol, sa richesse.

En effet, si la production agricole reste dans l'état où elle est, aucune espèce de réforme ne peut avoir de résultat, puisque la base, le terrain même, manque à ces réformes.

Le pays n'a pas les ressources qu'il lui faut pour se relever : il s'agit de les lui créer. Ses voies et moyens, qui ne consistent que dans les droits de douane, naturellement en rapport avec la production agricole, laquelle est l'unique aliment de son commerce, suffisent à peine à ses frais actuels d'administration, sans parler de sa dette, qui ne peut se payer. Les lois les mieux faites sur la direction des douanes aboutiraient tout au plus à faire obtenir la perception la plus complète possible des droits d'entrée et de sortie ; mais ces droits, ainsi perçus, ne changeraient en rien la situation précaire de la République, puisque le revenu qu'ils représentent dans leur intégrité, limité par la quantité de produits d'échange qui constitue aujourd'hui le commerce restreint que fait le pays et d'où sortent ces droits, est insuffisant. Cela revient à dire que si les douanes venaient à être bien administrées, le résultat obtenu se bornerait à enlever à la fraude une certaine partie de ces droits, dont la somme totale elle-même, comme l'attestent les chiffres et nos budgets, est loin au-dessous de ce que réclame de ressources la situation du pays, où tout est à faire.

Les importations, forcées de se régler sur le chiffre des produits dont elles se paient, ne peuvent pas s'élever au-delà de la valeur restreinte des quelques mille sacs de café de mauvaise qualité qui s'embarquent actuellement dans nos ports, et qui sont depuis longtemps l'unique ressource du peu de commerce que nous faisons avec l'étranger. Donc, en arrivant à réprimer la contrebande et l'infidélité dans la perception douanière, on aura bien pour résultat de continuer à faire face, tant bien que mal, aux frais de l'administration telle qu'elle existe, c'est-à-dire de maintenir le pays dans l'état de misère et d'infériorité où il languit aux yeux des nations ; mais on n'arrivera pas à changer sa situation, à le faire prospérer, à pouvoir effectuer les travaux dont il a besoin pour se relever, pour assurer son indépendance.

Pour augmenter le revenu des douanes, c'est-à-dire pour y trouver les ressources qu'exige la situation, il faut augmenter les produits qui attirent l'importation. Cela est plus que simple ; un enfant le comprendrait.

Le commerce de l'Europe cherche les denrées tropicales et les matières premières que donnent nos climats ; si un pays n'a à lui offrir que pour un million de francs, par exemple, de ces produits, il apportera à ce pays pour environ un million de marchandises manufacturées, frais compris, ou de produits d'un autre climat dont ce pays à son tour a besoin. L'échange se faisant sur cette valeur de un million, laquelle se double pour la douane quand l'opération s'achève, c'est-à-dire à l'exportation, le pays où cet échange s'opère perçoit une somme de contributions indirectes proportionnée à ce chiffre de deux millions, suivant la quotité des droits d'entrée et de sortie. Si, au lieu de n'offrir à l'étranger que pour un million de matières premières ou de denrées alimentaires, ce même pays, travaillant plus, en produit pour deux millions, le commerce étranger se hâte de doubler son importation, et la douane de ce pays voit de suite doubler sa perception. Mais que, ne s'en tenant pas à ces deux millions de produits, ce pays, bien dirigé par ses gouvernants, augmente chaque année sa production et que l'administration, pour encourager les producteurs et attirer la concurrence sur ses marchés, abaisse peu à peu ses droits d'entrée et de sortie, le commerce étranger augmente ses importations, abaisse, par le fait de la concurrence, le prix de sa marchandise, au profit des consommateurs, et le trésor public voit naturellement chaque année s'élever ses ressources douanières à mesure que, la production se développant, l'importation et l'exportation s'accroissent.

De là sortent à la fois le bien-être des producteurs et l'aisance de l'État. De là le moyen d'améliorer la situation du pays, d'acquitter sa dette, de lui faire du crédit, de l'initier à la civilisation, par la prospérité, par le progrès.

C'est une loi économique infaillible que : plus l'échange trouve de facilité, plus il s'étend ; et que plus un pays offre de produits, plus la marchandise qu'on lui apporte diminue de prix, à l'avantage de ses habitants. C'est encore une loi économique infaillible que : plus un état où la *production progresse* abaisse ses impôts de douane, plus la concurrence y court , et plus, partant, ces impôts produisent,

Mais il faut pour cela que la production progresse dans ce pays-là. Si elle y restait stationnaire, les lois de douane les mieux combinées ne changeraient aucunement, on le voit de reste, la situation des ressources de l'État.

Et voilà pourquoi on ne fait rien de sensé quand on croit améliorer la chose publique en Haïti en refaisant, en accumulant à l'infini des lois sur l'administration des douanes.

Passons à une autre question, à celle dont on parle le plus quand on fait chez nous, de ces plans de réforme en l'air, qui n'ont pas d'assises : à la question du papier-monnaie, qu'on se figure avoir résolue par un retrait éphémère dont les conséquences vont sous peu se faire rudement sentir sur les populations.

Le papier-monnaie est bien la seconde cause de la misère de notre pays. N'étant garanti, comme les valeurs fiduciaires de cette espèce, ni par une encaisse métallique, ni par des gages immobiliers, ni même par la production du sol qui, depuis longtemps, n'y répond plus par suite de la multiplicité des émissions, ce papier, en raison des fluctuations incessantes auxquelles de sa nature il est soumis dans un pays sans stabilité politique, rend toute activité improductive, ruine les familles, le commerce, l'État.

Un homme laborieux parvient à réunir dans sa malle une somme de vingt mille gourdes, la piastre à vingt ; c'est une valeur de mille piastres qu'il a en sa possession. Un événement arrive : une prise d'armes, une mauvaise récolte, ou une forte introduction de fausse monnaie ; le change monte ; la piastre est à quarante ; et le père de famille en question, qui avait mille piastres, n'en a plus que cinq cents. Il a perdu la moitié de son avoir, sans avoir commis aucune imprudence, sans avoir fait aucune spéculation, sans avoir ouvert sa malle. Que l'événement dont il s'agit s'aggrave, le change monte toujours et arrive à doubler encore : le malheureux, avec vingt mille gourdes en main, c'est-à-dire mille piastres à l'origine, n'en a plus que deux cent cinquante ; il en a perdu les trois quarts. Pour peu que la crise continue son cours ou se complique d'un autre événement, ce qui n'est pas rare, le pauvre homme n'aura bientôt en main qu'une centaine de piastres à la place des mille qu'il avait réalisées à grand'peine. Et le commerce en général, ainsi que l'État, se trouvent enveloppé dans la même ruine. Alors, des faillites se succédant chaque jour, des familles dans le dénuement, et l'administration, sans ressources, obligée d'émettre de nouveaux billets, c'est-à-dire d'aggraver encore plus la situation.

Le négociant importateur fait venir une cargaison, qu'il met en vente pour du papier, en faisant ses prix au taux du cours, ou même un peu au-dessus, pour se prémunir contre les éventualités ; mais ces éventualités, quand elles surviennent, dépassent ses prévisions, et quand il recouvre le montant de sa cargaison, vendue à terme, pour faire sa remise, il ne réalise, avec le papier qu'il reçoit en paiement, que quatre-vingts ou soixante pour cent de la valeur qu'il a achetée à l'étranger ; puis, le café, dont il doit faire son chargement de retour, a monté dans la même proportion dans le même moment, par suite de la hausse du change ou de la rareté de la denrée. Encore deux ou trois coups de cette force, et ce commerçant, quelque soin qu'il ait mis à ses affaires, est obligé de suspendre ses paiements ; on le met en faillite ; il est ruiné. En sorte que le commerce, le commerce honnête, sans voies frauduleuses, se trouve impossible.

Le papier-monnaie est donc un ennemi, un artisan de ruines ; il n'est bon qu'à faire la fortune de ces industriels dignes du bagne qui ont exercé si heureusement chez nous le métier de faux-monnayeurs, et qui ont considérablement contribué à creuser le gouffre de misère où gémit aujourd'hui ce malheureux pays. Ce papier-monnaie est un fléau : il faut le combattre comme on combat le choléra ; il faut le détruire.

Mais par quel moyen ? — Est-ce en le retirant brusquement de la circulation, comme on l'a fait, en empruntant au commerce dans le pays quelques milliers de piastres et en faisant payer les droits de douane en espèces d'or et d'argent, c'est-à-dire en monnaie étrangère ? — Mais la somme restreinte de ces droits de douane dans leur intégrité ne suffit pas au tiers de ce qu'il faut de monnaie courante pour les frais de l'administration, pour les opérations du commerce, pour les nécessités de la vie de chaque jour.

Alors, un retrait de ce genre, n'étant pas appuyé sur une augmentation de revenus résultant d'un accroissement de produits et par suite, d'une extension de commerce, doit forcément avoir pour résultat final de produire sous peu la cessation de tout commerce, l'impossibilité pour le peuple de se procurer le nécessaire, l'impossibilité pour la République de faire face à ses engagements et même au traitement intégral de ses fonctionnaires ; ce qui signifie qu'un retrait total du papier-monnaie opéré dans des conditions si insensées doit jeter à bref délai ce pauvre pays dans une situation sociale des plus dangereuses, et expose la société aux calamités les plus tragiques. La preuve de cela se trouve d'une manière saisissante dans la crise financière qui sévit sur la population dès ce moment ; dans la misère des familles, qui a atteint son comble, et dans ces faillites qui, depuis quelques mois, succèdent aux faillites avec rapidité. Déjà, par suite de la rareté du numéraire combinée avec le manque d'administration, le *régime* de bananes est à deux piastres, tandis qu'il en faudrait dix ou quinze en temps ordinaire pour valoir une piastre.

Est-ce par un emprunt d'une forte valeur fait à l'étranger qu'on peut arriver à s'affranchir de la nécessité du papier-monnaie ? — Lors même qu'on arriverait à pouvoir contracter, sur une place financière de l'Europe ou de l'Amérique, un emprunt à des taux qui ne sauraient manquer d'être ruineux, vu l'état de notre crédit, le numéraire, quelque élevé qu'il fût, qu'on mettrait en circulation à la place du papier, ne tarderait pas à disparaître.

En effet, le commerce étranger, attiré par cet or subitement apporté dans le pays, forcerait ses importations, et, ne trouvant pas assez de café pour payer ces importations, surtout dans les mauvaises récoltes, se paierait en or, exporterait l'or. Au bout de peu de temps, il n'en resterait plus ; et alors il faudrait revenir au papier-monnaie, sans avoir pu acquitter le lourd emprunt qu'on aurait ainsi contracté au profit de quelques personnes.

En preuve de cela, nous avons eu une loi prescrivant le paiement en monnaie étrangère d'une partie des droits d'importation et prohibant la sortie des espèces d'or et d'argent, et cette loi n'a pas empêché qu'on n'ait constamment exporté ces matières monnayées, voire même la petite monnaie métallique d'argent que nous avions, à l'effigie des présidents Pétion et Boyer, laquelle n'était que d'un faible titre d'alliage et qui n'existe plus dans le pays.

Il est clair que si le commerce eût trouvé chez nous suffisamment de produits à exporter pour ses remises, il n'eût pas laissé cette profitable spéculation pour s'occuper d'exporter des pièces de monnaie. Au Brésil, le commerce ne laisse pas les balles de café pour *remiser* en doublons et en piécettes. Dans l'Inde, c'est la soie, le coton, les gommes, qu'embarque le commerce, et non point la monnaie ayant cours dans le pays, puisque ces textiles et ces produits divers de l'industrie de l'Asie rapportent de gros profits en Europe et qu'il s'en trouve autant qu'il en faut pour alimenter le commerce d'échange qui se fait dans ces contrées. Mais si ces produits venaient à manquer ou à se trouver insuffisants, les régnicoles ayant pris l'habitude des marchandises apportées d'Europe, le commerce européen, continuant ses affaires, serait obligé de recourir à l'or et à l'argent monnayés pour remiser ses importations, devenues dès lors le seul objet ou le principal objet de ses relations avec ces pays.

Par quel moyen donc est-il possible d'en finir avec ce papier-monnaie ? — Par l'agriculture. — En augmentant la production du sol. — En se mettant énergiquement, immédiatement, mais intelligemment *à trouver le moyen* de développer les richesses de ce sol, dont la facilité est, on peut le dire, incomparable.

Et comme le gouvernement *libéral* et *civilisateur* qui règne aujourd'hui sur le pays n'a rien entrepris dans ce sens, et semble, par ses faits et gestes, assez peu propre à s'occuper de cette question première qui résume en elle toutes les autres questions en Haïti, il demeure clair comme le jour pour tout homme de bon sens qu'on n'a point pris le chemin qui mène aux améliorations et qu'on en est loin, comme je l'ai dit.

C'est l'agriculture qui nous sauvera ; c'est elle seule qui peut nous sauver. Il s'agit de porter sur cette question toute l'intelligence que possède le pays. Il est évident qu'au bout de deux ou trois ans d'une administration intelligente, mais véritablement intelligente, la production de cette terre privilégiée pourra avoir déjà doublé, et par suite, les ressources de l'État.

C'est au moyen de cette augmentation, toujours croissante, de la production qu'il serait possible de relever graduellement la valeur du papier-monnaie par des retraits opérés chaque année, et d'arriver enfin à liquider cette dette sans secousse, sans danger et sans avoir à redouter la désastreuse nécessité d'y revenir, comme le président Boyer a été obligé d'y avoir recours, en des temps meilleurs, pour faire face au service public, par suite de la diminution des revenus de l'État résultant de la diminution des produits du sol.

C'est là le moyen *naturel* d'arriver à ce résultat, le moyen naturel et le seul qu'il y ait. Rien ne se fait par soubresauts, par surprise, subitement, sans gradation, sans préparation, ni dans la nature ni dans l'ordre des faits humains. On n'a pas encore vu le soleil un matin prendre la fantaisie de s'élancer en deux bonds au milieu du ciel ; il y arrive graduellement, fidèle à son habitude, six heures plus ou moins après son lever. Nous n'avons pas encore vu chez nous la pomme du manguier se suspendre aux branches avant ses fleurs. Ce sont ces leçons-là qui éclairent la raison humaine, qui enseignent aux hommes comment ils doivent procéder pour réussir. Ce n'est qu'au théâtre qu'on voit de ces brusques changements de décor à vue, sans baisser la toile ; et encore là même, les machines ont été avec soin préparées à l'avance. Pour atteindre la fin, il faut employer les moyens, les vrais moyens.

Lorsque l'agriculture sera en prospérité et que le commerce étranger trouvera dans le pays assez de produits pour se développer sans avoir à craindre les dépréciations de la signature de l'État ; lorsque les affaires, en un mot, auront pour appui, pour base, pour terrain, la production du sol au lieu d'un papier dont rien n'assure la valeur, alors, si l'on voulait hâter la liquidation du papier-monnaie, il serait possible de contracter un emprunt, et ce, dans les conditions des autres pays. La nouvelle situation de la République permettrait de trouver de l'argent à meilleur marché ; et, le retrait opéré, il n'y aurait plus à craindre l'exportation du numéraire, puisque le commerce, trouvant pour ses remises des denrées et des matières premières en grande demande à l'étranger, n'aurait plus aucun intérêt à embarquer de l'or. Son intérêt, au contraire, serait de se défaire en hâte du numéraire résultant de ses ventes pour le convertir en produits agricoles, ce qui ajoute au bénéfice de l'importation le bénéfice de la remise.

Il ne viendra donc, j'espère, dans l'esprit d'aucun homme sensé de contester ce point : que c'est en développant l'agriculture, c'est-à-dire la production du pays, sa vraie ressource, son unique ressource, qu'on pourra s'affranchir d'une manière *définitive* du funeste secours du papier-monnaie.

Et qu'on ne dise pas que c'est là renvoyer aux calendes grecques la solution de cette affaire urgente ; il ne faut pas un temps si long qu'on croit ou qu'on se plaît à le dire pour relever notre production agricole, quel que soit l'état où elle se trouve en ce moment. D'ailleurs, il n'y a pas une autre solution possible, on vient de le voir, puisque tout emprunt contracté dans ce but n'aurait pour effet que d'enrichir quelques individus, par la raison claire et indiscutable que tout le numéraire introduit par cet emprunt s'exporterait forcément bientôt par le commerce, faute de matières d'exportation et de remise. En outre, il est pour le moins aussi clair, pour tout homme connaissant la nature du sol de ce pays, qu'il suffirait de deux ou trois années d'une administration habile et active pour relever cette production agricole dans des proportions déjà assez grandes pour avoir la possibilité de commencer à l'aise l'opération du retrait dans les conditions d'une liquidation définitive.

C'est quand le travail se fut développé et que les affaires eurent repris grâce aux soins de l'administration, qu'il fut possible en France de liquider la dette des assignats après les bouleversements de la Révolution, bien que ces assignats fussent garantis par les propriétés des émigrés. C'est une loi générale pour tous les pays et pour tous les temps que, sans ce développement de l'activité publique, il n'est possible de rien fonder, de rien relever, d'arriver à rien.

Mais, relever en hâte la production en Haïti au point où en sont les choses, cela est-il sérieusement possible ? s'écriera-t-on peut-être dans le pays à la lecture de ces lignes. — Oui, certes, cela est possible. Mais cela est possible *à la condition de l'entreprendre* ; à la condition d'avoir le courage, la foi, l'amour du pays, la clairvoyance, l'habileté qu'il faut pour l'entreprendre. Cela est possible à la condition que l'on comprenne qu'un gouvernement en Haïti n'a pas une tâche plus pressante que cette tâche-là. Cela est possible, il y a même plus : cela est facile, à la condition qu'on soit capable de s'en occuper et qu'on soit en même temps assez honnête pour vouloir le faire.

Certainement, le long oubli dans lequel on a laissé tomber cette grande nécessité de relever l'agriculture, les troubles civils qui ont agité le pays, les idées malsaines qui sont sorties de ces troubles, les ambitions personnelles qui se sont développées par suite de ces agitations, les passions mauvaises qu'on a fait fermenter pour favoriser ces ambitions d'individus dignes d'un sourire de pitié dans le comique de leurs présomptions, l'habitude qu'on a prise de ne produire que le strict nécessaire, tous ces obstacles réunis rendent la chose difficile jusqu'à un certain point ; je n'en disconviens pas. Mais difficile n'est pas impossible.

Qu'on trouve le moyen de porter la population, sans violence aucune, sans contrainte, à travailler ; qu'on ait l'habileté d'*intéresser* ce peuple au travail, de lui faire aimer l'activité, la chose cesse d'être difficile ; elle devient facile.

Si l'on dit qu'il n'est pas possible de *trouver ce moyen*, on déclare de deux choses l'une : ou qu'on se sent incapable d'entreprendre la tâche, ou que le pays n'a pas les qualités qu'il faut pour prospérer, pour vivre indépendant, maître de lui-même.

Or, cette dernière assertion, je la combats, je la repousse. Tout vrai Haïtien, tout homme réfléchi, tout homme de bonne foi connaissant le pays, la repousse comme moi. La population de notre pays n'est pas ingouvernable, n'est pas réfractaire à tout ordre social, à toute organisation, comme, on a commodément pris l'habitude de le dire. Ce peuple, au contraire, a l'esprit ouvert ; il est plus clairvoyant que bon nombre de populations que j'ai eu l'occasion de voir de près dans divers pays de l'Europe. Les voyageurs consciencieux, qui ont vu Haïti et qui ont pris soin d'observer et de comparer, sont du même avis. Ce peuple entend raison quand on lui parle le langage du bon sens et quand il voit qu'on lui parle ce langage avec sincérité. Quand il a compris et qu'il a confiance, il se laisse conduire. J'en ai fait l'expérience dans le peu de temps que j'ai passé aux affaires.

Quoi qu'on en dise, il n'en est pas chez nous comme du Mexique, par exemple, et de quelques autres pays, où aucun ordre de choses ne peut durer. Nous avons eu, comme on l'a vu, des administrations assez longues pour organiser quelque chose de solide. Seulement, ces administrations n'ont rien fait du temps qui leur a été donné.

On peut amener ce peuple à toucher du doigt cette vérité : que s'il se met à travailler en paix avec activité, il sera heureux avant longtemps. Une fois qu'il s'y sera mis, le goût des commodités, des agréments, des jouissances que le travail lui permettra d'avoir, joint à l'action incessante de l'administration, fera le reste.

En toute chose dans le monde, dans la sphère d'activité des lois physiques du globe comme dans le jeu des forces sociales, c'est le point de départ, le premier pas, l'impulsion initiale, qui détermine le mouvement, qui résout le problème. Il faut commencer.

Où en serait la civilisation de l'Europe, cette civilisation splendide, toute-puissante pour ainsi dire, victorieuse des résistances mêmes de la nature, si l'on s'était arrêté, découragé, devant les difficultés premières ? La difficulté, au contraire, a excité le courage, a stimulé l'orgueil de l'esprit humain. Vaincre la difficulté est la tâche de l'homme sur la terre, sa tâche et son mérite à la fois. Si l'on considère les choses avec attention, on reconnaîtra que c'est pour cela qu'il vient en ce monde.

Il y a tout près de nous, en Amérique, dans le continent méridional, des peuples qui se sont rendus comme nous indépendants de leur métropole européenne ; qui se sont constitués longtemps après nous ; pour lesquels nos pères, déjà maîtres chez eux, sont allés combattre ; qui n'ont pas trouvé sur leur sol au moment de leur affranchissement, les ressources et l'organisation que les colons anglais de l'Amérique du Nord avaient déjà chez eux quand ils ont fondé la République des États-Unis, et dont le pays n'avait pas été, comme le nôtre, habitué à l'agriculture par leur métropole, laquelle se bornait chez eux à fouiller les mines ; ces peuples dont je parle, après avoir perdu quelques années dans l'agitation et dans l'improductivité, ont réfléchi, ont pris une résolution, et se sont mis à progresser. Ils sont aujourd'hui en possession des sympathies, du respect, de l'estime des grandes nations de l'Europe. La République Argentine, le Salvador, le Pérou, la Colombie, le Chili, sont devenus des pays civilisés. Et à quoi ces jeunes nations doivent-elles cette situation de fortune presque subite ? — Au développement du travail dans l'ordre légal, sous la conduite de citoyens éclairés, aimant leur pays.

Quand je parle de citoyens aimant leur pays, je n'entends pas ces patriotes à grand fracas, qui aiment leur pays dans des paroles sonores, et qui croient avoir tout fait pour ce pays aimé quand ils ont proféré emphatiquement avec un geste romain ce grand mot : *le patriotisme !* Ces sortes de patriotes, la plupart du temps, cherchent dans le bruit qu'ils font la satisfaction de leurs appétits.

Les patriotes dont je parle sont ceux qui, admirant le progrès humain chez l'étranger, n'aspirent pas à pouvoir en jouir personnellement loin des lieux où ils sont nés, mais s'attristent de le voir absent de leur pays ; ceux-là qui tremblent à l'idée de voir considérer leurs frères comme des hommes inférieurs dans l'humanité ; ceux-là qui, poussés par cette crainte, contractent l'orgueil de contribuer à prouver le contraire, et qui, s'étant péniblement préparés à la tâche, se dévouent à leur pays tout comme on se consacre à sa famille ; ceux-là qui ont lentement médité la question de faire sortir leur terre natale de l'infériorité et qui sont possédés de la passion d'y prendre part, après avoir acquis la capacité de le faire. Ce sont des patriotes de cette espèce qui ont mis les pays de l'Amérique du Sud que je viens de nommer dans l'état prospère où ils sont actuellement. Leurs concitoyens les ont compris, se sont fiés à eux et s'en sont bien trouvés.

Cela se comprend sans peine. Dans les temps de raison et de raisonnement où nous vivons, la direction des affaires publiques appartient exclusivement aux plus capables. C'était le fait des temps d'ignorance et de barbarie de fonder le règne des plus hardis,

C'est cette direction des plus capables qui transforme à nos yeux les nations de l'Europe. C'est elle qui vient d'accomplir les deux grands événements de la seconde moitié de ce siècle : l'unification de l'Italie, poursuivie en vain à travers les siècles depuis le moyen âge, et celle de l'Allemagne du Nord, dues à M. de Cavour, à M. de Bismark{23} et aux hommes éclairés qui les ont aidés. Ce ne sont pas les plus grands sabres qui ont fait cela.

Nous assistons en ce moment à un spectacle de la plus haute portée à cet égard. Au milieu d'une guerre à laquelle elle n'était pas préparée, la France s'est vue tout à coup exposée aux derniers périls. Ses armées étaient dispersées, son territoire en grande partie occupé par l'étranger, sa capitale étroitement assiégée, ses principales villes en révolution, et son organisation sociale elle-même ébranlée jusque dans ses bases. À qui s'est-elle adressée pour la sauver de l'abîme où elle roulait ? Est-ce à un militaire ou à ce qu'on appelle d'ordinaire un homme d'action ? — Nullement ; elle a fait appel à un citoyen dont les aptitudes intellectuelles sont l'unique titre. Tous les partis se sont mis d'accord pour remettre les rênes de l'État à M. Thiers. Tous, légitimistes et républicains, impérialistes et orléanistes, mettant de côté les griefs divers qu'ils pouvaient avoir contre les actes politiques de l'ancien ministre du roi Louis-Philippe, se sont réunis pour confier le soin du salut du pays à l'intelligence d'un citoyen dont les études et le mérite seuls inspiraient cette confiance illimitée. Et grâce aux efforts habiles de ce citoyen, jaloux de justifier une pareille confiance, la France, à peine sortie d'une situation désespérée, s'est mise comme par enchantement à se relever de ses ruines. Et la voilà redevenue, malgré ses malheurs, la grande nation d'autrefois, en train de grandir encore et de poursuivre ce rôle nécessaire d'initiatrice que la Providence a départi à son génie.

Je ne m'attendais pas, quand, un an auparavant, j'écrivais mon livre des *Théoriciens au pouvoir*, à voir l'idée qui en est la base, obtenir si tôt et si complètement de l'histoire contemporaine une nouvelle et si éclatante consécration.

Peu m'importe que mes ennemis disent que c'est de moi-même que je veux parler. Je les entends d'ici commenter à leur manière ces considérations si pleines de justesse et d'à-propos. Mais je suis habitué à leur tactique, et je passe mon chemin. Il est évident que je ne fais ici que mettre en regard, en opposition, les résultats heureux de la direction de tous ceux en général qui sont en état, dans tous les pays, de mener à bien les affaires publiques avec les effets toujours nuls ou funestes des agissements de ceux qu'on appelle dans un sens brutal les hommes d'action. Les honnêtes gens, les hommes sans passion, sans parti pris, me comprendront.

Poursuivons donc. La Turquie elle-même, entrant peu à peu dans le courant des idées rationnelles, voit aujourd'hui ses sultans nommer des ministres choisis en raison de leurs aptitudes, à la place des favoris-vizirs d'autrefois.

C'est la loi du temps. Si le principe démocratique de l'élection n'avait pas pour objet de faire diriger les affaires publiques par les plus capables et les plus dignes, le système opposé, l'hérédité, quoique contraire à la logique, serait préférable.

Ce sont ces plus capables, et eux seuls, qui sauvent les sociétés, qui les font prospérer, qui les font grandir. Et quand, par la constance et par l'énergie de leurs convictions, ils sont parvenus à accomplir ces transformations qu'on appelle des miracles parce qu'on n'avait pas le courage de les entreprendre, les envieux, la plus détestable race qu'il y ait au monde, les envieux sourient et disent : « Il n'a pas fallu du génie pour cela ; c'est si simple ! » Colomb, un jour, attaqué par ses ennemis, qui tâchaient d'amoindrir son mérite, les défia de faire tenir droit un œuf sur l'un de ses bouts ; et comme ils ne purent y parvenir, lui, prit l'œuf, en aplatit une pointe contre la table, et le mit debout. — « Rien n'est plus aisé, s'écrièrent-ils. — Certes, c'était facile, répliqua Colomb ; mais il fallait en avoir l'idée. »

De même, un homme d'État, si grand qu'il soit, n'opère pas pour cela des prodiges, c'est-à-dire ne fait rien, par des moyens surnaturels, extraordinaires ; mais il trouve dans la persévérance et dans la pénétration de son esprit ces moyens simples, que d'autres ne soupçonnent même pas, et qui résolvent les plus grosses questions.

Il en est de notre pays à l'égard de cette légitimité du gouvernement des capacités comme en général de tous les pays. Cela ne comporte pas d'exception. Ceux-là seuls qui ont à bénéficier *quand la lumière est sous le boisseau*, peuvent dire que nous faisons exception à cet égard. Il faut que ce pays-là soit administré avec intelligence pour qu'il se relève du triste et dangereux état de misère où nous le voyons. On ne confie pas les affaires de sa famille à un crétin, c'est-à-dire à un aveugle ; comment pourrait-on confier les affaires de toutes les familles qui composent un pays à des gérants de cette clairvoyance ?

Mais revenons au point qui nous a amenés à ces réflexions. Je disais donc que tous ceux qui savent bien ce que c'est que cette terre d'Haïti, sont, comme moi, persuadés, convaincus que s'il est donné à ce pays trois années seulement d'une administration habile et en même temps animée de cette active ambition de la gloire qui réussit si bien à faire les grandes choses, ce pays aura déjà changé d'aspect. On ne dit pas que dans ce peu de temps il pourra se trouver en plein progrès ; sa situation est trop arriérée pour cela ; mais on soutient que ce temps est suffisant pour que, avec de l'habileté et ce ferme vouloir qui fait réussir, on ait déjà mis la tâche en bonne voie de succès, en commençant, ce qui est essentiel, par le commencement.

Commencer, c'est là l'important ; et commencer par le commencement est la seconde condition du succès, la ligne de conduite marquée par le bon sens.

Aussi est-on péniblement surpris d'entendre des gens qui se donnent pour des réformateurs parler d'établir en ce moment dans le pays des chemins de fer. C'est dire qu'il faut commencer par la fin ; et cela s'appelle une absurdité.

Pour avoir des chemins de fer dans un pays, il faut que ce pays ait une population et un mouvement d'affaires suffisants pour les entretenir. Qu'on parvienne même chez nous, à l'aide de capitaux étrangers, à établir ces voies ferrées dont on parle si naïvement, les dépenses énormes qu'il faut faire pour préparer les terrains, pour exproprier, pour élever les remblais, creuser les voies, faire et poser les rails, percer les tunnels, construire les gares, les wagons, les locomotives resteront perdues, cela est trop clair, puisque le travail, les affaires, la population restreinte des vastes espaces à relier, sont en ce moment trop au-dessous de ce qu'il faudrait pour occuper ces voies ferrées et leur faire rapporter un dividende quelconque à la compagnie.

Avant de songer aux chemins de fer, il faut penser à rétablir les routes, devenues partout impraticables dans les temps de pluie ; il faut, une fois ces routes rétablies d'après les procédés employés de nos jours, les faire entretenir par un service régulier de cantonniers ; il faut jeter des ponts sur ces rivières qui, dans les grandes crues, interrompent les communications ; où se perd une partie de la petite récolte qui se fait encore, et où se noient chaque année bon nombre de voyageurs et de cultivateurs allant dans les villes avec leurs produits.

Quand on aura ces ponts, quand on aura ces routes, au moyen de ressources créées par l'agriculture ; quand la production se sera développée, quand il y aura de grandes valeurs de produits à transporter, quand le mouvement d'affaires sera redevenu ce qu'il était dans le pays au commencement de ce siècle, quand, par le fait de l'aisance, de la multiplication des mariages réguliers dans les campagnes et d'une immigration sagement dirigée, la population sera devenue cinq fois ce qu'elle est aujourd'hui ; alors on pourra parler de voies ferrées, et alors seulement la chose sera possible, opportune, nécessaire, profitable.

Cette idée anticipée de chemins de fer me rappelle une autre idée, non moins intempestive, qu'on a voulu faire passer dans le pays, il y a quelque temps, pour une question de la plus grande urgence.

On n'a sans doute pas oublié que certains *civilisateurs*, qui ont eux-mêmes besoin qu'on aplanisse les aspérités de leur entendement, avaient rêvé que ce qu'il fallait faire pour créer immédiatement la prospérité de la République, c'était d'y établir des usines, des manufactures ; et que ces *civilisateurs* d'une si bizarre espèce, pressés de montrer les beautés de leur génie, se sont incontinent mis à prêcher, comme jadis Pierre l'Ermite{24} et avec la même ardeur, une croisade pour faire installer à bref délai en Haïti des industries manufacturières et des fabriques. La déraison et la simplicité peuvent-elles aller plus loin ?

Comment ! Nous avons le bonheur de posséder un pays essentiellement agricole, une terre propre à produire en abondance toutes ces denrées alimentaires et ces matières premières que va chercher jusqu'au bout du monde le commerce de l'Europe ; cette terre privilégiée, dont la fertilité et la richesse ont été proverbiales quand on la cultivait, se trouve aujourd'hui improductive, puisqu'elle ne donne plus, faute de travail, que la vingtième partie de ce qu'elle peut produire ; et l'on vient nous dire qu'il faut en hâte, laissant de côté l'agriculture comme chose accessoire, que nous nous mettions à fabriquer du savon de toilette et des parfums ! La chose est-elle assez plaisante ?

Les esprits obtus, et ils ont le plus souvent des tendances simiennes assez prononcées, quand il leur arrive de voir chez les grandes nations les progrès accomplis par l'esprit humain, sont pris de vertige. Tout danse et s'embrouille dans ces pauvres cervelles. Ils ne s'expliquent les choses qu'à la surface. Ils se figurent que ces merveilles dont ils sont ébahis se sont faites sans précédents. Ils ne se rendent pas compte de la filiation de succès antérieurs d'où sont sortis ces derniers succès. De ce qu'ils voient, ils croient comprendre ; et aussitôt les voilà métamorphosés en *civilisateurs.* Là-dessus, faisant provision de bric et de broc de quelques maximes mal comprises, et s'érigeant en anti-physiocrates (ce long mot grec sera de leur goût), ils s'en vont doctement, dans un langage baroque, mal imité de ces logiciens sévères qui dédaignent le style, faire entendre à un pays qui n'a pas encore le nécessaire et l'indispensable que ce qu'il a de plus pressé à faire, c'est de se mettre à manufacturer des objets de luxe, afin d'imiter en cela des nations qui comptent des dix ou douze siècles d'efforts dans la pratique des arts. Décidément, le dicton ne ment pas, qui dit que Jacques qui va à Rome revient de Rome Jacques comme devant. Et comme il est regrettable que Molière ou Beaumarchais n'ait pas eu l'occasion de faire connaissance avec cette variété du type plaisant de Trissotin{25} !

Ce qu'il nous faut en Haïti, dans la situation où nous sommes, c'est évidemment, sous tous les rapports et pour toutes les raisons, de nous occuper activement de l'agriculture. Certes, l'industrie et la manufacture ne sont incompatibles avec les conditions géographiques d'aucun pays ; mais aucun pays non plus n'a commencé sa civilisation autrement que par l'agriculture. D'ailleurs, en France même, les diverses parties du territoire s'adonnent chacune plus particulièrement à un genre de travail qu'à un autre, suivant la nature du sol et le climat ; ainsi l'on voit les manufactures s'établir plutôt dans le Nord que dans le Midi ; la Bourgogne et la Gironde s'appliquer surtout à donner des vins ; le Dauphiné, de la soie ; le Calvados s'occuper principalement de l'élève du bétail ; les provinces riveraines de la Méditerranée se livrer à la culture de l'olivier, à la fabrication de l'huile. La nature elle-même a tracé à l'homme son occupation la plus profitable d'après la qualité du sol et le climat où il est placé.

Et si, dès à présent, certaines industries peuvent être aussi nécessaires et aussi avantageuses en Haïti que la culture des plantes tropicales, ce sont celles qu'indique pour ainsi dire la nature des choses, comme, par exemple, des pêcheries, que l'administration devrait favoriser ou plutôt établir elle-même sur le littoral, pour que notre population cesse d'être tributaire des États-Unis pour ces salaisons malsaines qui nous viennent de ce pays et qui nous sont devenues indispensables ; ou la fabrication du sucre, dont l'habitude s'est malheureusement perdue dans nos habitations qui font la canne, et qui convertissent en tafia tout leur sirop ; ou la production de l'indigo, qui était dans le temps très développée dans le pays, témoin les ruines d'indigoteries qu'on rencontre en grand nombre dans les campagnes.

Quand je me mets, moi, à faire des rêves pour mon pays, je ne vais pas me perdre dans des chimères ; je me complais à le voir, dans un avenir peu éloigné, dans cette éclatante prospérité agricole qu'il avait réalisée à l'époque de l'indépendance et qu'il peut augmenter encore dans la liberté et au moyen de la liberté.

Ce que je souhaite, moi, avec toute l'ardeur du vœu le plus cher, c'est de voir mes concitoyens des villes, grâce à une sécurité stable donnée au travail, pouvoir apporter dans les plantations leur intelligence et leurs capitaux, qu'ils emploient sans fruit dans un commerce sans aliment ; c'est de voir les Haïtiens intelligents, et il y en a beaucoup dans toutes les parties du pays, pouvoir s'appliquer à refaire ces grandes existences de propriétaires ruraux, qui donnaient autrefois sur cette même terre le bien-être, le crédit, la fortune, et y acquérir cette indépendance personnelle, cette influence, cette considération, qui forment dans tous les pays la classe nécessaire des conservateurs-libéraux ; c'est de voir en même temps mes concitoyens qui travaillent aux champs s'intéresser à ce travail d'hommes libres et maîtres d'eux-mêmes, l'aimer, l'étendre de plus en plus chaque jour ; s'éclairer par un enseignement primaire bien répandu ; vivre heureux, paisibles, bons citoyens ; élever leurs familles dans les salutaires principes de la morale, et faire ainsi la prospérité, le bonheur, la sécurité de leur patrie.

Cette patrie, plus elle est malheureuse, plus je l'aime et la chéris ; plus on la juge mal à l'étranger, plus je sens pour elle d'affection et de dévouement. C'est avec respect, avec fierté, que je me dis le fils de ces hommes généreux qui, à la voix de la Révolution humanitaire de 1789, ont conquis sur cette terre de Saint-Domingue les droits de l'homme et du citoyen, et y ont fondé un asile à leur race opprimée dans les Amériques. Quelle que soit l'admiration que je professe pour les nations où la civilisation s'est développée, quelles que soient la sympathie et l'estime que je rencontre dans ces pays, où je trouve toutes les satisfactions de l'intelligence et où je poursuis et utilise mes études persévérantes ; quelque vifs et profonds que soient les sentiments de gratitude que m'inspire l'hospitalité bienveillante qui m'y est donnée dans mes malheurs, je ne consentirais jamais, pour quelque avantage que ce fût, à aliéner ma qualité de citoyen haïtien. Cette terre d'Haïti, que j'aime si intimement, cette terre où je suis né, où sont nés mon père et ma mère, mes grands-pères et mes grands-mères, est mon unique patrie : je n'en ai pas deux. Quand on me demande à l'étranger de quel pays je suis et que, confondant les lieux et les noms, on me parle de Taïti, je réponds : « Vous vous trompez ; je suis du pays où s'est passé le drame de Vincent Ogé{26}, et celui de Toussaint Louverture. »

C'est ce sentiment de respect et d'attachement pour ma terre natale qui m'animait quand les événements m'ont porté au pouvoir. J'espérais pouvoir contribuer à la faire sortir de cet état d'infériorité qui la fait mépriser. J'ai mis mon orgueil, toutes les forces de mon âme, à réussir dans ce dessein. Et, je le répète, si mes concitoyens ne se fussent pas trompés sur mon compte, s'ils eussent pu voir dans le fond de ma pensée, dans le fond de mon cœur, au lieu de m'abandonner aux souffrances imméritées de la proscription, ils m'eussent entouré, ils m'eussent aidé comme je les y conviais par le soin que je prenais de les réunir tous dans un unique parti du bien public, et tous ensemble, réunissant nos efforts et mettant en œuvre la force collective de nos bonnes volontés, nous aurions pu mettre notre pays dans le bon chemin.

Je n'avais pourtant perdu aucune occasion de manifester à mes concitoyens, en termes émus, les intentions qui formaient le programme que je voulais faire suivre au gouvernement. Il me souvient d'avoir vivement fait ressortir, dans une circulaire publiée au *Journal officiel*, combien il est urgent, comme je l'ai déjà deux fois dit dans le cours de ces réflexions, que les hommes éclairés du pays cessent de consumer leurs efforts dans les villes dans un négoce précaire, où tout le monde s'est jeté, faute de mieux, et qu'ils portent leurs lumières et leurs ressources dans les campagnes, qui, bien dirigées, leur offrent, avec la fortune, qu'ils cherchent en vain ailleurs, une situation indépendante, tranquille, élevée, considérée, ainsi qu'une influence légitime dans l'administration de leur pays. Je pensais, en disant cela, à cette Angleterre riche et puissante, où les grands propriétaires ruraux composent les classes élevées de la société et sont en possession de gouverner l'État dans les deux Chambres du Parlement.

Je ne me suis pas borné à donner ce conseil. J'ai fait plus : j'ai agi. J'ai entrepris de mettre en application les moyens propres à donner aux capitaux cette confiance et cette sécurité qui peuvent les décider à se placer dans l'agriculture.

Je ne dis pas que j'aie eu le temps de réaliser des réformes, mais que j'ai mis, aux yeux de tous, la main à l'œuvre.

Dans le même moment, et pour rendre plus faciles ces réformes qu'il y avait à faire, je m'occupais du soin d'organiser d'une façon aussi simple que sérieuse l'enseignement primaire dans l'intérieur des terres et l'enseignement secondaire dans les villes.

Tout ce qui pouvait être entrepris sur-le-champ, sans intervertir l'ordre des choses, je l'ai entrepris ; qu'on s'en souvienne ! Cette sorte de mémoire honore les nations et leur porte bonheur.

Je ne donne pas ces travaux pour des merveilles. C'étaient de simples commencements ; mais c'étaient des commencements entrepris avec conviction, avec passion, c'est-à-dire avec ce qu'il faut en toutes choses pour parvenir au succès.

Pouvoir arriver à des résultats heureux était pour moi affaire d'amour-propre : je m'y passionnais. Si l'on peut à juste titre m'accuser de quelque chose, c'est d'avoir voulu attacher mon nom à des réformes réelles ; c'est d'avoir ambitionné cette sorte de distinction civique que confèrent à un citoyen de grands services rendus à son pays. Si cette ambition et cet orgueil sont condamnables, je suis coupable.

Mais, habitué qu'on était à voir les gouvernants ne s'occuper que d'eux-mêmes, on n'a pas pu croire que je fusse de bonne foi dans le mouvement où l'on me voyait. Et au lieu de me donner concours, ne fût-ce que pour voir si j'étais sincère, on a mieux aimé me dénigrer, m'accuser des choses les plus étrangères à ma manière d'être.

Je ne me plains pas de tous ceux qui m'ont attaqué : ils ont été trompés par mes ennemis. Ces ennemis eux-mêmes, une dizaine d'hommes au cœur mauvais, ne méritent pas qu'on les combatte avec colère ; le mépris est ce qui leur revient. Les uns, en effet, sont des sycophantes connus pour des instruments de tyrannie sous divers régimes ; les autres sont des parasites non moins généralement connus comme des gens qui, suivant la tradition de leurs ascendants, cherchent à vivre comme eux dans la paresse, aux dépens du pays, sans être capables de lui être utiles ; tous ensemble sont poussés contre moi par ce triste instinct de l'envie, qui ravale la créature humaine au-dessous de la brute. On peut vraiment trouver singulier que de telles gens aient pu entreprendre de me faire passer, moi, pour un mauvais citoyen, pour un ambitieux de bas étage qui n'aurait contribué à renverser le précédent gouvernement que pour faire fortune dans les affaires de l'État.

Le cours des choses et le temps m'ont justifié de cette calomnie. Je n'ai pas besoin de m'en défendre. Je ne dois pas m'y abaisser. J'ai suffisamment montré plus haut que je n'avais point préparé à l'avance des événements pour en tirer parti. Si l'on veut, sans passion, sans prévention, calme d'esprit et loyal, examiner ma vie jusqu'à ce moment, on n'aura pas de peine à reconnaître que j'ai toujours, par amour de la réputation, sacrifié mon intérêt personnel, lequel certainement j'aurais pu en maintes circonstances faire prospérer, comme tant d'autres, si j'eusse été, comme eux, un homme intéressé.

Quand on a les goûts auxquels toute ma vie j'ai été livré, cette passion exclusive de l'étude qui ne m'a jamais quitté même au milieu des plus grandes souffrances, une âme impressionnable jusqu'à l'excès, un respect inquiet et en quelque sorte maladif du devoir et de l'opinion d'autrui, il n'est pas possible qu'on ait en même temps l'instinct grossier de la cupidité. C'est là une vérité d'observation qui n'a été démentie en aucun cas dans le cours des temps.

Les lois de la nature ne sont pas comme celles des hommes : elles sont immuables et partout les mêmes, dans l'ordre moral comme dans la matière. Pressez de la vapeur dans un tube, elle produira de la force et du mouvement ; cela est immanquable. Qu'il y ait dans une âme de la sensibilité et l'amour du beau, il en résultera des sentiments généreux ; cela est non moins immanquable.

Ces gens-là, d'ailleurs, ont produit contre moi, dans le délire de leur haine, les accusations les plus contradictoires, les plus vides de sens.

C'est ainsi que l'un d'eux, l'homme le plus mal famé peut-être qu'il y ait dans le pays, a dit, dans une lettre qu'on m'a communiquée et que j'ai sous la main, que la sentence qu'il leur a plu de porter contre moi m'est due comme *aux hommes politiques dont la conscience n'est pas pure.* De sorte que, au dire de cet homme-là, c'est ma conscience, à moi, qui n'est pas pure, et c'est la sienne qui se trouve l'être. On perd la parole quand on entend sortir un propos pareil de la bouche d'un homme qui, depuis plus de vingt ans, inspire une telle horreur dans un pays par sa profession de pourvoyeur d'exécutions qu'on l'y désigne généralement sous le nom de Fouquier-Tinville{27}, et qui n'a que trop justifié cette sorte d'épithète par les actions qu'il a commises, les unes comme intermédiaire, les autres directement et par lui-même.

Et en quoi ma conscience peut-elle être souillée, à moi, qui n'ai ni assassiné, ni fait baïonnetter, ni dépouillé personne ? Quels sont les vices qu'on me puisse reprocher ? Quelles sont les passions mauvaises qu'on me connaisse ? Ce sont ces choses-là qui mènent au mal et qui font que la conscience n'est pas pure. Ne s'aperçoit-il donc pas par son propre exemple, cet homme à la conscience pure, que ce ne sont pas d'ordinaire ceux qui sont honnêtes que le sort favorise le plus ?

Mais de quoi ai-je à m'étonner ? Les gens de cette sorte, quand ils n'ont rien à craindre, quand ils sont les plus forts, ont autant d'insolence qu'ils montrent de bassesse dans le moindre revers. Ainsi, celui-là même dont je parle ici et que l'on reconnaîtra dans mon pays sans que je subisse la peine de le nommer, celui-là même, dis-je, s'étant sauvé du pays de peur d'être châtié pour ses crimes à la chute du gouvernement qu'il venait de servir avec une cruauté restée célèbre, n'a pas eu, je ne dis pas la dignité (il ne sait ce que cela veut dire), mais le courage de supporter quelques jours d'exil. J'ai en ma possession les lettres dégradantes qu'il m'a écrites à moi-même pour demander pardon et implorer la grâce de pouvoir rentrer. Ces lettres sont là. Il n'a qu'à mettre l'une à côté de l'autre ma façon d'endurer l'exil et la sienne pour mesurer, en son âme et conscience, l'intervalle qui sépare de moi les hommes de son espèce.

D'autres, me cherchant des torts, ont dit que les travaux que j'avais fait commencer dans la ville de Port-au-Prince étaient *inopportuns*, et constituaient partant des fautes politiques. Mais si, dans mon désir de voir la capitale de mon pays et ses principales villes assainies, propres, embellies, j'ai entrepris même au milieu de la guerre des travaux pour amener ce résultat, ai-je en cela commis un mal ?

D'autres encore, poussés par ce même besoin de m'incriminer ou pour se conformer à la mode du jour, répondent à ceux qui me défendent : « Il n'est pas sans quelque mérite, c'est vrai ; mais ce n'est pas un homme politique. » Si, pour être un homme politique, il faut pouvoir dépouiller toute pitié, toute bonne foi, toute sincérité, toute loyauté ; être prêt à employer tous les moyens, quels qu'ils soient, pour arriver à ses fins ; ne reculer devant aucune violence ni aucune perfidie ; écarter Dieu et mettre à sa place l'intérêt ; n'avoir rien à respecter ; savoir sourire en faisant frapper ; non, je ne le suis pas ; je ne veux pas l'être. Mais si, pour être un homme politique, il suffit d'être un homme clairvoyant, capable de prévoir pour prévenir, d'observer pour discerner, de combiner et d'exécuter ; un homme qui ne dorme pas quand il faut veiller ; un homme voulant le bien et énergique à le créer ; un homme, en un mot, ayant de l'honnêteté dans l'âme, de la clarté dans la tête, de la décision dans le caractère ; certainement je le suis plus que mes persécuteurs ; je le suis cent fois plus qu'eux. On voudra bien, j'espère, me rendre cette justice dans mon pays.

C'est cependant avec des accusations de ce genre et de cette valeur qu'on est parvenu à monter contre moi cette sorte de conspiration *officielle* qui tend, suivant la vieille méthode que j'ai démasquée plus haut et que je combattrai plus au long s'il y a lieu, à faire passer pour un grand coupable l'un des meilleurs citoyens qu'ait eus le pays.

Pour éviter de faire rire de mes concitoyens à l'étranger, je ne dirai pas ici avec précision certain grief caché que quelques-uns de mes persécuteurs font en sourdine valoir contre moi dans une partie du pays, et qui est peut-être l'unique et vraie cause de tous mes malheurs. La chose dont il s'agit dénote un état d'esprit si pitoyable que je ne veux pas l'expliquer en pays étranger. Qu'il me suffise de dire à ces messieurs-là qu'une nation doit être une famille ; que si les Anglais de Londres considéraient comme indignes les Anglais de Liverpool ou de Manchester, l'Angleterre serait loin aujourd'hui d'être ce qu'elle est ; que Louis XII, l'un des plus grands rois de France, est né à Blois ; que Henri IV, le plus grand de tous, était béarnais ; que Sully, son ministre, est né à Rosny ; que Napoléon Ier était de l'île de Corse ; que le chef actuel{28} de la République française est né à Marseille ; que la plupart des hommes d'État et des grands ministres qui ont successivement travaillé à la grandeur de cette France n'étaient pas de Paris ; que Victor-Emmanuel, qui a régné à Florence et qui règne à Rome, est un Piémontais ; qu'aucun des présidents de la puissante République des États-Unis n'a eu besoin de naître à Washington ; et qu'enfin il est triste, honteux, déplorable et funeste que des idées de ce genre aient cours dans un pays, dans les temps éclairés où nous vivons.

J'ai dédaigné jusqu'ici de répondre aux attaques réunies de mes ennemis. Je les ai laissés cinq ans durant distiller sur mon nom tout le venin de leur haine. Les gens que j'attendais le moins à trouver dans ce déchaînement contre un absent sont accourus vaillamment à la rescousse de mes assaillants.

Outre le mépris que m'inspiraient les aménités dont on m'a comblé, j'avais un bon motif pour ne rien dire. La plupart de ceux qui m'injuriaient ainsi, noblement enhardis par mes malheurs, spéculaient. Ils espéraient se faire une notoriété en me portant à imprimer leurs noms dans mes répliques et à leur répondre comme à des adversaires. Je ne me suis pas prêté à ce calcul. Je n'ai pas voulu qu'il leur arrivât par ma faute comme à cet autre furieux qui, du temps des anciens, mit le feu à un temple pour se faire connaître{29}.

Et même dans ces notes rapides où il m'arrive, à propos de l'état de souffrance de mon pays, de crayonner au passage ces profils, les uns grotesques, les autres hideux, je ne les nomme pas. Ils s'y reconnaîtront et on les y reconnaîtra aisément sans cela. Fidèles à leur chevaleresque habitude, ils vont se remettre de plus belle à frapper d'estoc et de taille sur un homme qui, à deux mille lieues de l'endroit où on l'injurie, n'a ni la possibilité de répondre à temps, s'il le voulait ; ni la faculté de faire lire sa réplique à tous ceux qui ont lu les injures et les calomnies.

Ils ont le pouvoir d'arrêter ma parole à l'entrée du pays. Cependant cette fois, je les attends. Je les prendrai corps à corps, je les dévêtirai, je les dépouillerai des masques et des déguisements sous lesquels ils se cachent, et les montrerai tels qu'ils sont à mon pays, dont ils font le malheur par leurs intrigues. Et puisqu'ils comptent sur cela pour leur célébrité, ils y trouveront, sinon celle d'Érostrate, qui les séduit, mais celle des malfaiteurs, celle des Verrès{30} et des Basiles.

J'eusse préféré de beaucoup n'avoir jamais à les nommer. Il m'en coûte assez déjà de les désigner dans ces notes. En échange de la haine qu'ils me témoignent, je n'ai à leur offrir que mon dédain. La haine n'est pas faite pour moi ; c'est leur affaire. Mon âme est incapable de la nourrir. Quand on me fait du mal, la vengeance que j'ambitionne, on l'a déjà vu, c'est de pouvoir faire du bien en retour de ce mal et de sourire à la vue des méchants ainsi punis.

Mais ce qui m'affecte le plus, c'est que ces gens-là font du mal à mon pays et l'exposent aux plus graves dangers en lui faisant croire que tout est pour le mieux dans la situation où il se trouve, et qu'on peut continuer d'ergoter à l'aise comme ils font depuis trois ans, tandis que partout autour de nous les nations prospèrent et grandissent :

Je souhaite, moi, que mes concitoyens comprennent que si le pays ne se met pas à son tour à prospérer, il va se trouver *sous peu dans le plus grand péril*. Cela est évident pour tout homme capable de réflexion. Et c'est le danger que court mon pays en ce moment qui m'a surtout décidé à rompre le silence que j'ai gardé depuis cinq années, à interrompre les travaux auxquels j'ai consacré le temps de mon exil, pour dire un mot à mes concitoyens.

Or, on doit le savoir, les ennemis de notre nationalité arguent *tout haut* de l'improductivité actuelle de notre sol pour nous contester notre autonomie en contestant notre aptitude à nous gouverner. Ils disent que nous ne pouvons rien faire de la terre si riche que nous possédons, et que par le fait de notre incurie cette terre reste perdue pour le commerce et l'activité du reste du monde. Ils le disent chaque jour un ton plus haut ; en le disant, ils s'approchent de nous ; et ils viennent enfin de tendre à nos portes le réseau dont ils espèrent pouvoir bientôt nous envelopper.

Leurs accusations trouvent partout de l'écho. Nous ne pouvons compter au-dehors sur aucune sympathie, sur aucun appui. La France, qui mettait son honneur à défendre les opprimés et les faibles, est occupée à réparer ses malheurs.

Mais nous avons une arme pour nous défendre, une arme puissante et qui nous sauvera si nous y recourons : c'est la facilité de ce sol béni que la Providence nous a donné. Nous serons certainement sauvés, et n'aurons rien à craindre si, par l'initiative d'une administration capable et active, notre production agricole se met en hâte à se relever ; si, au lieu de faire tristement des lois et des discours, nous nous mettons à faire en abondance du coton, du café, du cacao, toutes ces matières premières que les climats de l'Europe ne produisent pas, et dont l'Europe a si grand besoin.

Non seulement nous reconquerrons par là l'estime des grandes puissances, mais encore nous aurons acquis, et sous peu, par l'accroissement de nos ressources, intelligemment employées, une puissance personnelle, c'est-à-dire le moyen matériel de faire respecter l'héritage que nos pères nous ont laissé.

Faisons quelques chiffres à l'appui de cela ; et rien ne peut empêcher, dans les temps où nous sommes, des hommes énergiques, intelligents, résolus de sauver le pays, maîtres d'une terre dont la fertilité est incomparable, de réaliser ces chiffres qui, loin de rien avoir d'exagéré, sont fort au-dessous de ce que la nature des choses nous permet d'avoir.

Il est clair, en effet, que si nous parvenions à porter notre production agricole à la moitié seulement de ce qu'elle était il y a soixante-dix ans, c'est-à-dire à une valeur d'environ 200 millions de francs, la République, même en abaissant à 10 ou 15 le taux moyen de 20 % qui forme l'un dans l'autre la quotité de ses droits de douane actuels, aurait à percevoir, sur cette valeur de 200 millions doublée par l'importation, c'est-à-dire sur 400 millions d'affaires, un revenu de 60 millions de francs, sans tenir compte des patentes et des autres impôts ; ce qui signifie qu'elle se trouverait ainsi en état de faire face à ses engagements et de se créer au bout de peu de temps une situation de défense assez solide pour tenir à distance ceux qui la convoitent.

Avec vingt millions, ajoutés au rendement des contributions directes, le trésor public aurait de quoi reprendre le service des annuités de la dette française, éteindre l'arriéré à courtes échéances, amortir à bref délai le passif du papier-monnaie, et acquitter sans gêne les frais courants de l'administration. Je connais nos budgets.

Il resterait donc annuellement à la disposition des pouvoirs publics un excédant de quarante millions de francs au moins, dont le tiers pourrait être employé en protections de tous genres à donner à l'agriculture et en travaux relatifs aux voies de communication, et le reste, affecté à l'armement du pays, à l'organisation de moyens militaires de défense tels qu'ils existent chez les nations qui sont respectées.

Inutile d'entrer ici dans le détail des chiffres ; ce n'en est pas le lieu. Qu'on vérifie néanmoins ceux que je viens de produire, on trouvera que sous tous les rapports ils forment un aperçu vrai de la situation que je suppose et des possibilités qui en résulteraient.

On peut dire qu'il ressort des budgets militaires de l'Europe qu'avec 60 millions de francs on entretient sous les armes une armée de 100 000 hommes ; de quoi on peut également conclure qu'avec un crédit budgétaire annuel de 15 millions, notre République serait en mesure d'avoir sur pied environ 30 000 hommes de troupes régulières, équipées, armées et instruites comme les meilleures troupes de l'Europe, appuyées sur des gardes nationales mobilisables, c'est-à-dire sur toute la moitié de la population valide du pays, pourvues elles-mêmes d'armes modernes, exercées, sans suspendre le travail des champs, à ce genre de guerre invincible qu'ont fait nos pères avec tant de succès, et prêtes à répondre à l'appel du pays par une levée en masse au premier danger, pour seconder partout l'armée active. Il va sans dire qu'au moyen du surplus de l'allocation mentionnée plus haut, il serait facile de munir d'engins de guerre puissants, de pièces d'artillerie des meilleurs systèmes, les principaux points de notre littoral et de nos frontières, et, poursuivant annuellement ces acquisitions, d'avoir bientôt un cercle de défense qui nous mît à l'abri de toute invasion. Cela fait, l'énergie bien connue des descendants de ces hommes qui combattaient à la *Crête à Pierrot* et à *Vertières*, mettrait hors d'atteinte la liberté de la République d'Haïti.

Sur quoi est basé le calcul qui donne un pareil résultat ? — Sur la simple condition pour notre pays de produire la moitié seulement de ce qu'il a déjà produit. Dira-t-on qu'il n'y a pas moyen d'arriver bientôt à cette moitié-là si l'on prend le chemin qui doit y mener ? — Une telle assertion serait trop absurde, et l'on ne se donne pas la peine de combattre des objections de cette valeur.

Mais si, ne nous en tenant pas à atteindre la moitié seulement de la prospérité qu'a produite notre terre en d'autres temps, nous remplissons la tâche jusqu'au bout et arrivons au chiffre même de cette ancienne fortune, nous ne serons plus seulement en état de nous défendre ; nous deviendrons, bien gouvernés, une nation respectée de tous, vivant sans alarme et estimée.

***

Certaines gens ont l'audace de vous dire : « Si les Américains ont le pays, votre condition ne sera pas changée ; vous serez citoyens comme vous l'êtes maintenant. » Tenez loin de vous ceux qui tiennent ce langage ; ce sont des ennemis, des ennemis déguisés, les plus dangereux de tous les ennemis.

Si jamais, Haïtiens, vous perdez votre nationalité, ce dont Dieu vous garde ! vous n'aurez pas chez vous le droit de parler en hommes. Vous serez réduits à baisser la tête devant l'étranger. Et comme, au souvenir de votre histoire, on sera toujours dans la crainte d'un soulèvement de votre part, vous serez maintenus dans une sujétion tout aussi dure que l'esclavage.

Vous n'aurez aucune participation aux affaires publiques. Vous ne pourrez exercer que les professions les plus humbles, les moins productives. On vous méprisera, on vous maltraitera, comme on méprise et maltraite les hommes de notre race aux États-Unis. Vos enfants seront les bouffons ou les souffre-douleur des enfants des autres, en attendant qu'ils deviennent leurs valets ; il y aura pour eux des écoles à part. Il y aura pour vous des places à part dans les lieux publics et dans les églises. Vos femmes seront insultées ; on les considérera comme les filles des rues. Les plus fiers d'entre vous, les plus respectables des Haïtiens, les plus méritants, seront obligés de s'incliner devant les maîtres de leur pays, ou seront traités comme les derniers des misérables. Il ne manquera que le nom de la chose au servage humiliant où l'on vous aura réduits.

Ne souffrez pas qu'on dise que je charge le tableau, que je l'assombris. Il n'y a pas un mot d'exagéré dans ce que je viens de dire ; tout à l'heure je vous le prouverai. Je sais bien ce dont je parle. J'ai voyagé dans l'Amérique du Nord, où depuis longtemps l'esclavage de fait n'existe pas. J'ai vu ce que c'est que le sort des noirs et des hommes de couleur, de quelque nuance qu'ils soient, dans ce pays-là. J'ai assisté à New York, en 1858, à une scène qui m'a si fortement impressionné qu'elle est restée, jusque dans ses moindres détails, photographiée dans ma mémoire.

J'allais m'embarquer sur un de ces bateaux-poste qui font le service entre New York et Boston par Fall-River, je crois, ou Provincetown. Au moment de monter à bord, je vis, au milieu d'un groupe nombreux, un homme d'aspect équivoque s'arrêter derrière un autre homme, tout contre lui. Celui-ci se retourna aussitôt (c'était un homme de couleur, assez blanc de peau) et demanda au premier ce qu'il avait à faire dans sa poche. Ce premier était un *pickpocket* qui, en s'arrêtant derrière l'homme de couleur, avait introduit sa main dans la poche de son paletot pour y exercer son industrie. Loin de se sauver au plus tôt dans la foule, comme il aurait fait dans tout autre pays, le filou se rapprocha du mulâtre, l'apostropha vivement et finalement lui appliqua sur la joue un rude soufflet. Cette voie de fait attira la foule, et comme on demandait de quoi il s'agissait, le *pickpocket* répondit en ricanant : « C'est moi qui viens de châtier ce nègre, qui a osé me suspecter »

Et chacun de rire à son tour et de narguer celui qui venait d'être outragé de cette façon pour avoir simplement empêché un voleur de fouiller dans sa poche. Cet homme de couleur avait bonne mine ; il était bien mis, et paraissait un homme bien élevé. Il se tut, se retourna, baissa la tête et s'éloigna. '

Quelle bassesse ! m'écriai-je instinctivement ; et je pensai aussitôt aux hommes de mon pays, dont le dernier, le plus humble, n'aurait jamais supporté cette injure de la part même du premier magistrat des États-Unis. Un autre, qui avait comme moi assisté à la scène et qui avait compris mon indignation, s'approcha de moi et me dit tout bas que si le malheureux insulté avait fait mine de se défendre, la foule tout entière se serait jetée sur lui et l'aurait assommé.

Je ne dormis pas de la nuit dans le bateau ; obsédé par l'image du spectacle odieux que je venais d'avoir.

Voilà, Haïtiens, le sort qui vous est réservé, si jamais, vous cessez d'être les maîtres chez vous !

Et la preuve que rien n'est changé à cet égard depuis la guerre de Sécession{31} soi-disant faite pour la cause des noirs, c'est que le président des États-Unis{32}, dans son message au Congrès, vient de dire, le 4 du mois de mars de cette année : « Quoique le résultat de la guerre civile ait été l'émancipation des esclaves, les hommes d'origine africaine ne possèdent pas encore les droits de citoyens, cette injustice doit être réparée. » Ce qui atteste que les hommes de race noire sont et seront toujours traités en ilotes{33} aux États-Unis, en dépit même des lois, qu'ils ne contribuent d'ailleurs ni à faire ni à appliquer.

Si une chose du genre de celle que je viens de raconter s'était passée en Europe, dans n'importe quel pays de l'Europe, c'est l'assistance elle-même qui aurait châtié le coupable, qui l'aurait arrêté et livré à la justice. L'Europe ne connaît pas, elle, ces stupides et honteuses proscriptions de races.

L'Europe de François Bacon{34}, de Jean-Jacques Rousseau, de Vauvenargues{35}, de Beccaria{36}, de Schiller{37}, de Lamartine{38}, de Henri Brougham{39}, n'admet de différence entre les hommes que celle que créent les aptitudes intellectuelles et les vertus.

Mais il n'en est pas de même aux États-Unis d'Amérique.

Il s'y trouve bien, je ne l'ignore pas, des âmes honnêtes qui réprouvent cette situation de parias qu'on y fait subir à la race noire ; mais ces hommes équitables sont en minorité. La voix de ces philanthropes est étouffée dans la clameur ardente des intérêts égoïstes et grossiers qui entretiennent cette iniquité.

Les hommes de notre race sont obligés de se résigner à vivre dans ce pays-là comme vivaient partout les Juifs dans le moyen âge, tolérés mais persécutés. Ils y vivent comme vivaient les Maures en Espagne après la chute du royaume de Grenade, réduits à courber le dos et à trembler.

Dans ce pays-là, les choses n'ont pas le sens qu'elles ont ailleurs : ainsi, république et démocratie n'y signifient point ce qu'elles veulent dire chez les autres nations. Il y a, on ne le sait que trop, une différence bizarre mais très grande entre ce qu'on y appelle républicains et démocrates et ce qu'on entend par ces dénominations dans les autres pays. Là, les libertés et les droits ne sont pas pour tous, mais pour une partie. La justice est limitée par des considérations ethnologiques. La raison est circonscrite dans le préjugé. Est-ce là ce que les publicistes et l'esprit libéral des temps modernes entendent par république et démocratie ?

Partout ailleurs, la civilisation signifie les efforts de l'humanité vers son amélioration morale, intellectuelle et physique tout à la fois ; dans ce pays-là, civilisation signifie dollar. Il s'agit uniquement de faire de l'argent ; coûte que coûte. Toute idée de justice et de devoir est subordonnée à cette idée mère : avoir des millions. On est apprécié, estimé, considéré, quand on n'a pas la peau noire, bien entendu, suivant la somme d'argent qu'on a en sa possession. On dit d'un homme qui a soixante mille piastres : *He is worth sixty thousand dollars.* He is worth, c'est-à-dire *il vaut.* La langue d'un peuple dit son génie.

Les sentiments généreux de l'âme humaine, les tendances élevées de la pensée de l'homme vers l'idéal et vers l'art, qui l'interprète, n'ont rien à voir dans ce milieu-là. C'est ce genre de civilisation qu'on apporterait chez vous ; et vous deviendriez des instruments qu'on emploierait à faire du dollar, à réaliser des richesses qui ne seraient pas pour vous.

Dans ce pays-là, on a vu écrit sur les omnibus : « *Les chiens et les nègres n'entrent pas.* » Il vous faudrait, vous le voyez bien, courber le dos comme les esclaves, ou vous seriez traqués dans les bois comme les Indiens de l'Amérique du Nord sont poursuivis à coups de canon dans leurs forêts.

Souvenez-vous de Chavannes, de Lamartinière, de Dessalines, de Gérin, d'Alexandre Pétion, de Magny. De Clairvaux, de Magloire-Ambroise, de Borgella, de Philippe Guerrier, de Boisrond-Tonnerre, de David Troy, de Charairon, de Capoix-la-Mort, de Kayer Larivière{40}, de tous ces grands hommes qui nous ont fait l'étonnante histoire dont nous nous honorons. Est-ce que les fils de ces hommes-là peuvent baisser la tête devant des maîtres ? Est-ce que le pays de ces hommes-là doit cesser d'appartenir à leurs héritiers ?

Non. Et je sais que ce n'est pas parmi vous, quels que puissent être les hommes qui soient au pouvoir, qu'on trouvera jamais ni des présidents, ni des ministres, ni des sénateurs, ni des citoyens capables de voter, comme on vient de le faire ailleurs{41}, l'abdication de notre souveraineté, la trahison de la patrie.

Préparez-vous donc à défendre vos foyers. Mais préparez-vous-y de la bonne manière ; c'est-à-dire non pas en vous tenant prêts à abandonner, à la première attaque, vos villes à l'invasion pour aller mourir bravement dans vos montagnes, laissant vos enfants et vos femmes dans la servitude ; mais en organisant par le travail et dans la paix les moyens matériels qui vous permettront de conserver votre indépendance. Cette indépendance, pour vous, c'est la vie même.

M. le président des États-Unis, après avoir parlé de la triste situation des hommes de sang africain dans son message au Congrès mentionné plus haut, a dit : « Notre grande République est destinée à devenir l'étoile qui guidera les autres. Aucune extension territoriale ne pourrait amener une augmentation de nos forces militaires ; cette extension, au contraire, occasionnerait la diminution de l'armée. » En même temps qu'on fait cette déclaration de principe, on prend possession de Samana{42} sous le nom d'une compagnie industrielle souveraine.

Cela est-il une application de la parole du chef de l'État ?

Vous êtes devenus une grande puissance, l'une des puissances les plus riches du monde ; vous avez à vous tout le nord du continent de l'Amérique, toute la moitié d'un monde ; et cela ne vous suffit plus ; et vous voulez encore ravir à un petit peuple qui ne vous nuit pas le coin de terre qui lui appartient !

Vous trouvez que les noirs vous gênent chez vous ; vous le dites même officiellement, sans scrupule ; eh bien, laissez-les donc tranquilles chez eux, dans cette île où ils sont appelés par la Providence à créer à leur tour leur civilisation. Quand vous seriez dans leur pays, vous ne tarderiez pas à déclarer que là aussi ils vous gênent et sont de trop. Et alors, où voulez-vous qu'ils aillent pour trouver sur la terre leur part d'espace, de soleil et de liberté ?

Vous avez naguère lutté courageusement pour votre affranchissement ; vous avez combattu au nom de la justice, au nom du droit, pour votre liberté ; et cette Providence dont je viens de parler a béni vos efforts ; pourquoi voulez-vous, sitôt libres, attenter à la liberté d'autrui ? Est-ce au nom de la même justice que vous traverseriez la mer pour aller attaquer les droits des habitants d'Hispaniola ? Et pourriez-vous compter là aussi sur cette assistance providentielle qui vous a jusqu'ici fait réussir ?

Ce n'était pas cela que voulaient Franklin et Washington{43}. Ils voulaient, eux, avec l'indépendance, la grandeur de leur pays ; mais ils disaient en même temps qu'il ne fallait point songer à dépouiller les autres. Ils condamnaient en termes formels l'impolitique violence des conquêtes et des spoliations. C'étaient là à la fois de grands citoyens, de grands politiques et de grands hommes de bien.

Les hommes d'État de la République des États-Unis devraient se souvenir des fondateurs de leur société ; ils ne devraient pas oublier les maximes de justice et de sagesse qui conduisaient ces hommes-là, maximes qu'ils ont nettement formulées alors qu'ils organisaient après la lutte, et qu'ils ont laissées comme testament politique à leurs héritiers. Les citoyens de la grande République des États-Unis ne devraient pas se laisser enivrer par les prospérités. La sagesse consiste en grande partie à ne pas perdre la tête au milieu des succès. Le rôle de la puissante Confédération de l'Amérique du Nord devrait être, au lieu de convoiter le territoire de ces jeunes nations qui se sont formées à côté d'elle dans le Nouveau-Monde, de les protéger, de les défendre, de former avec elles une grande confraternité de sociétés solidaires dans l'Amérique indépendante. C'est en se faisant guider elle-même par ces principes d'équité et de vrai libéralisme républicain qu'elle pourra devenir, comme l'a dit son président, l'étoile qui guidera les autres Républiques.

Mais l'expérience de la vie publique enseigne une chose aussi triste à dire que profondément vraie, c'est qu'en politique, prendre les gens par le sentiment ne mène à rien. C'est en vous mettant, Haïtiens, en état de vous détendre, que vos raisons seront écoutées et que vos droits seront respectés.

Les nations qui sont fortes aujourd'hui ne le sont devenues que par le travail ; nous pouvons l'être aussi par le même moyen.

La puissance ne se mesure pas à l'étendue du territoire. Venise n'était qu'une ville, bâtie sur des îlots. La Hollande n'était qu'une lisière de terre inondée le long de la mer. Ces pays-là, grâce à leur activité, grâce à leur industrie et à leur commerce, ont fait trembler les plus grands empires. Nous n'avons pas besoin de faire trembler des empires ; mais nous avons besoin de rester maîtres chez nous ; et nous pourrons, et nous pouvons, en développant notre activité à notre tour, en faisant tout simplement rapporter à notre terre les richesses qu'elle nous offre, devenir bientôt capables de faire respecter nos foyers sans recommencer la guerre des montagnes.

Notre République, à nous, n'a pas pour sol des îlots ; nous n'avons pas, nous, à disputer aux inondations la terre que nous possédons ; nous sommes à l'aise dans de vastes plaines accidentées de montagnes aux pentes fécondes ; notre pays est l'une des plus belles parties de l'Amérique. Nous pouvons, certes, en prospérant, n'avoir rien à craindre de l'étranger, vivre tranquilles sous le drapeau de 1804, et rester dignes de ces hommes vaillants qui nous l'ont donné.

Et qui sait, une fois prospères et pourvus de ces moyens matériels qui font la puissance dans les autres pays, à quelles destinées humanitaires la Providence nous mènerait dans cet archipel des Antilles, dont nous sommes le centre ! Mais pour le moment, il ne s'agit pas de rêves ; il s'agit du danger qui nous étreint et de la possibilité que nous avons de le conjurer.

Ce danger n'est plus lointain comme dans le temps où l'on prévoyait seulement qu'il pouvait venir ; il est arrivé. Il est là, présent, pressant, dans notre île, à nos portes. Le drapeau de la République de l'Amérique du Nord flotte à Samana. Voici donc le moment de nous lever debout pour prendre une énergique résolution. Le temps des guerres civiles, le temps des chefs de partis et des chefs de bandes est passé. C'est maintenant le moment suprême, le moment décisif de notre existence comme nation libre. Si nous le laissons passer, tout est perdu.

Mais si nous voulons agir en hommes résolus de rester maîtres d'eux-mêmes, rien n'est encore perdu, rien ne se perdra.

Le moyen de tout sauver, à cette heure critique, c'est celui dont j'ai si souvent parlé dans le cours de ces réflexions ; il n'y en a pas d'autres ; il n'y en a pas deux : c'est de relever en hâte notre production agricole. Si nous faisons cela, nous aurons le temps de tout sauver.

L'initiative privée, je l'ai déjà fait remarquer, n'existe pas chez nous ; elle n'existe pas dans des pays placés à la tête de la civilisation ; c'est à l'administration, au gouvernement, qu'appartient la tâche d'entreprendre ce qu'il y a à faire. Il s'agit d'ailleurs en premier lieu de donner sécurité au travail tout en l'encourageant pour le développer. Ce n'est pas avec des discours, avec des intrigues, qu'on peut sauver la République du danger qui la presse.

L'occupation d'un gouvernement dans un pays comme le nôtre est, on ne peut jamais le trop répéter, de s'appliquer à *trouver le moyen* de porter la population à travailler, à s'intéresser au travail, à aimer ce travail, à s'y passionner, afin que ce travail, de plus en plus favorisé, tout en donnant l'aisance aux particuliers, donne à l'État, dans le plus bref délai possible, les ressources dont il a besoin pour organiser sa sécurité et pour progresser.

Ce sont ces ressources, résultant de l'accroissement des produits du sol, qui, habilement dirigées, donneront avant longtemps à notre République le moyen matériel de se faire respecter sur son territoire et en même temps de se civiliser.

Le spectacle de notre activité et de nos succès suffirait à lui seul pour imposer respect à nos ennemis. Il nous créerait en même temps une vive sympathie chez les autres nations. Et la force morale est aussi une grande force.

Il ne manquera sans doute pas de sceptiques, je les vois d'ici, pour répondre à ces paroles : « Il n'y a pas moyen de relever ce pays. » On doit bien soigneusement se mettre en garde contre ceux qui tiennent de pareils propos. Ce sont ces propos-là qui répandent le découragement dans notre pays et qui le perdent. Certainement, il est facile de dire : « il n'y a pas moyen. » Cela est plus simple, et avec cela, on se dispense de rien entreprendre. Ce mot barbare, *il n'y a pas moyen,* est l'ultimatum de la paresse, de la défaillance, de l'incapacité consciente d'elle-même, ou de la mauvaise foi. C'est ce mot-là qui, répété de proche en proche depuis 1844 comme une consigne, a jeté notre pays dans l'état de misère où il se trouve aujourd'hui.

Non, il n'est pas vrai qu'il n'y ait pas moyen. Partout sur la terre où il y a des hommes ayant dans l'âme un sentiment d'amour-propre et une idée juste dans la tête, il y a moyen de fonder une société et d'en faire sortir une civilisation. Ceux-là qui disent qu'il n'y a pas moyen sont ceux qui ne sont pas capables de trouver ce moyen, qui n'ont pas le courage d'entreprendre ce qu'il faut faire, ou qui n'ont pas à cœur de faire naître cette prospérité publique dont je parle ici.

Si mes concitoyens continuent à prendre pour argent comptant ce mot stupide et honteux : *il n'y a pas moyen*, ils ne tarderont pas beaucoup à le déplorer : ils deviendront la proie de l'étranger.

Quelles que soient les difficultés qu'il y ait en ce moment chez nous pour faire entendre raison, pour discipliner, pour organiser, il y a moyen de tout réparer. C'est au patriotisme éclairé qu'il appartient de trouver ce moyen et de l'employer avec énergie pour le salut de notre pays.

Toute autre question en un pareil moment en Haït est pure comédie ou haute trahison ; soyez-en convaincus, ô mes concitoyens, à qui je m'adresse !

Pour moi qui, par le bon plaisir de quelques individus dont la valeur est maintenant connue, me trouve éloigné des miens, je n'ai que ces vœux à vous envoyer et ces conseils à vous offrir. Ayez le calme qu'il faut pour les méditer. Les choses dont il s'agit ne se font pas dans l'agitation.

Depuis bientôt cinq ans, je vis loin de vous, dans les tristesses et les souffrances de l'exil, travaillant pour mon existence et pour servir la cause de ma race et de mon pays, ne prenant part à aucune intrigue, à aucun projet de nature à agiter ce pays déjà trop à plaindre, auquel je souhaite tout d'abord le calme, la paix, la réflexion, le recueillement qu'il lui faut pour qu'il se décide à se sauver par ses propres efforts. Les exilés, d'ordinaire, comptent sur les troubles ;

151

moi, malgré les angoisses qui remplissent mes jours et mes nuits dans cet exil immérité, je vous engage à éviter les bouleversements, à vous réunir tous en un seul parti, afin d'aviser en paix à ce qu'il y a à faire dans la grave conjoncture où l'incapacité de nos gouvernements nous a jetés

Aidez-vous, Dieu vous aidera. Mais aidez-vous vite !

Nous avons déjà prospéré sous notre propre direction. Ce n'est pas le régime colonial seul qui a fait valoir les richesses de notre territoire. Sous l'administration de Toussaint Louverture, par exemple, notre pays a été plus prospère encore que sous les gouverneurs européens de Saint-Domingue. On se souvient encore d'un temps où ce pays, déjà délivré du travail forcé, produisait plus que sous les colons, et offrait toutes les facilités, tous les agréments, toutes les jouissances que donnent à l'existence les pays de l'Asie et du continent de l'Amérique situés sous les mêmes latitudes que le nôtre. On n'a pas non plus oublié un temps, moins éloigné encore, où sous la direction de chefs d'arrondissements intelligents, certaines parties de la République vivaient dans une abondance dont on parle aujourd'hui avec admiration. Si, dans ce temps-là, on se fût appliqué à accroître cette prospérité relative au moyen des procédés de culture et des protections de toute sorte qui font naître la fortune des peuples civilisés, nous serions aujourd'hui dans une tout autre situation. Il y avait à cette époque que je rappelle un état de choses assez satisfaisant, une base sur laquelle il était facile, avec un peu d'activité, d'élever une bonne fois la civilisation du pays. C'est l'incurie de nos gouvernements qui a laissé se perdre cet état de choses.

Il est donc évident que nous pouvons, grâce aux moyens libéraux et aux procédés employés de nos jours avec tant de succès dans les pays libres, refaire avant longtemps notre prospérité sur ce sol si prompt à produire.

La prospérité, c'est la puissance. Si l'on entreprend de vous faire prospérer, vous aurez bientôt ce qui vous manque pour être une nation comme les autres nations.

Mais n'oubliez pas qu'il n'y a plus de temps à perdre.

Avril 1873.

FIN

ANNEXE

Les chefs d'État haïtiens de l'Indépendance à la présidence de Tirésias Simon Sam.

Jean-Jacques Dessalines (1804-1806)

Empereur sous le nom de Jean-Jacques Ier

Deux{44} états :

Henri Christophe (1807-1820) règne sur le Nord sous le nom d'Henri Ier

Alexandre Pétion (1807-1818).

Un seul état à la mort de Christophe :

Jean-Pierre Boyer (1818-1843)

Charles Hérard, aîné (1843-1844)

Guerrier (1844-1845)

Louis Pierrot (1845-1846)

Jean-Baptiste Riché (1846-1847)

Faustin Soulouque (1847-1859) :

154

Président de 1847 à 1849,

puis Empereur sous le nom de Faustin Ier

Fabre Geffrard (1859-1867)

Sylvain Salnave (1867-1870)

Nissage Saget (1870-1874)

Michel Domingue (1874-1876)

Boisrond Canal (1876-1879)

Lysius Salomon (1879-1888)

François Denys Légitime (1888-1889)

Florville Hyppolite (1889-1896)

Tirésias Simon Sam (1896-1902)

Notes

{1} Cette indication géographique figurait dans l'édition originale. Plus loin, Delorme sousentend que ses origines capoises l'ont desservi dans son action politique.

{2} Ces lignes sont tirées du pamphlet « Napoléon le Petit » (1852) qu'écrivit, en exil, Victor Hugo peu après le coup d'état de Louis-Napoléon Bonaparte. Premier – et unique – président de la IIe République Française de 1848 à 1851, celui-ci, bafouant la constitution, se fit proclamer Empereur des Français et prit le nom de Napoléon III. Il demeura une vingtaine d'années au pouvoir, et Hugo ne rentra en France qu'après son départ. Delorme, qui était exilé à Paris à ce moment-là, eut maintes fois l'occasion de le rencontrer.

{3} Adolphe Thiers (1797-1877). Ministre de Louis-Philippe sous la monarchie de Juillet (1830-1848), membre du gouvernement provisoire à sa chute, député et chef de l'opposition libérale sous le Second Empire, Thiers devint le premier président (1871-1873) de la IIIe République. Son nom reste associé à la répression sanglante de la Commune.

{4} Lorsque les sénateurs haïtiens élurent le Général Faustin Soulouque président de la République en 1847, ils pensaient pouvoir le manœuvrer facilement. L'année suivante, en avril 48, la violence avec laquelle il réprima une manifestation d'opposants (une vingtaine de morts) et élimina les partisans de Céligny Ardouin – un de ces politiciens qui se targuaient de le manipuler – démontra que Soulouque ne s'en laisserait pas compter. De fait, l'année suivante il devint empereur sous le nom de Faustin Ier et demeura dix ans au pouvoir.

{5} La presse française ne se priva pas de railler Faustin Ier et la noblesse d'empire qu'il créa. Notons que lorsque le Président le Louis-Napoléon Bonaparte se fit à son tour proclamer empereur (1852), certains ne manquèrent pas d'établir un parallèle entre les deux hommes.

{6} À la fin de la guerre franco-prussienne, et faisant fi de l'élection d'une Assemblée Nationale dans laquelle elles ne se reconnaissaient pas, les classes populaires parisiennes, qui avaient beaucoup souffert durant le conflit, s'insurgèrent et décidèrent de se constituer en une organisation autonome : la Commune de Paris. Cet épisode révolutionnaire dura trois mois (de mars à mai 1871) et fut réprimé avec une extrême violence (entre 10 et 25 000 victimes ; 10 000 condamnés à mort ; 4000 déportations).

{7} Parmi ces otages, l'archevêque de Paris, Mgr Georges Darboy, exécuté le 24 mai 1871.

{8} « Le criminel est celui à qui le crime profite. »

{9} Le 6 juin 1867, à Paris – au bois de Boulogne –, le Tsar Alexandre II et l'Empereur

Napoléon III échappèrent à un attentat. En ce qui concerne Alexandre II, ce n'était que partie remise, puisqu'il fut assassiné en 1881.

{10} Au moment où j'écris ces choses, on me communique un papier imprimé à Port-au-Prince, dans lequel un de ceux-là qui depuis une douzaine d'années se sont déclarés mes envieux, me reproche de l'avoir fait arrêter quand j'étais au pouvoir. Le signataire de ce factum n'a pas jugé à propos d'ajouter qu'il venait d'être accusé d'un acte de perturbation que les lois punissent avec sévérité, et que son accusateur avait, en sa présence, soutenu l'accusation, contre laquelle il n'a pu se défendre, ce qui a motivé son arrestation par le ministère public. S'il eût eu la bonne foi de dire tout cela dans son papier, il eût été naturellement amené à reconnaître qu'au lieu d'avoir le droit de m'accuser, il a, au contraire, le devoir de me savoir gré d'avoir eu la faiblesse de céder aux intercessions qu'il a fait agir auprès de moi, en le faisant mettre en liberté sans le faire juger et lui faire appliquer le châtiment qu'il avait encouru.

Celui dont il est question a tenu contre moi ce propos dans une composition où, rappelant ses menées dans divers temps, il essaie de se donner l'air d'un martyr de la bonne cause ; mais moi, je tiens en ce moment une lettre de lui, écrite de sa main et adressée à M. Fourreau, qui me l'a apportée à Port-au-Prince le jour même qu'il l'a reçue ; et cette lettre, que je mets à la disposition de tous ceux qui voudront la lire et qui pourront reconnaître l'écriture et la signature de l'homme *politique* dont il s'agit, cette lettre, dis-je, prouve d'une manière péremptoire que ce n'est point pour la cause du peuple, comme il le dit, mais dans un tout autre but que cet homme-là a passé son temps dans le pays à faire du bruit et de l'intrigue.

Je sais qu'il se trouvera probablement une autre personne qui croira répliquer en disant qu'elle aussi, par mon ordre, a été arrêtée. Avant qu'elle le dise, je me donne la peine de lui rappeler qu'elle avait fait de sa maison le rendez-vous ordinaire de ceux qui tramaient le renversement du gouvernement que je représentais et qui comptaient ma mort au nombre de leurs moyens de succès. Si celui-là a la bonté de se souvenir qu'il tenait chez lui les assises dont je parle, et que les délibérations qui y ont été prises ont eu pour résultat l'émeute armée qui a duré deux semaines dans les rues de Port-au-Prince, il comprendra sans peine que, dès le retour du Président, j'aie songé à le faire arrêter pour le faire juger en temps utile. Et, comme pour le premier, il reconnaîtra qu'il doit me savoir gré d'avoir eu la faiblesse de le faire relaxer sur les prières de sa femme, au lieu de lui faire subir le sort qu'il méritait.

Ces sortes d'attaque n'ont plus rien qui m'étonne. J'ai assisté en France dans ces derniers temps à des choses qui ont achevé de m'éclairer sur les tactiques des partis. J'ai vu accuser de toutes les illégalités, de tous les excès de pouvoir, de toutes les violences, les chefs du parti républicain qui ont eu le pouvoir en main par la révolution du 4 septembre.

M. Castelar, le chef des libéraux républicains en Espagne, naguère l'idole de la démocratie dans son pays, y est aujourd'hui traité de *réactionnaire,* parce qu'il veut défendre contre l'assaut des factions le gouvernement dont il fait partie.

C'est ainsi qu'en usent partout les ennemis politiques, surtout ceux qui sont plutôt des ennemis personnels et qui on besoin de monter sur la calomnie comme sur des échasses, pour se faire voir. (note de l'auteur)

{11} Caracalla (188-217). Empereur romain (211 à 217) souvent présenté comme un débauché et un fou.

{12} Dans l'Antiquité, le Rubicon était un petit fleuve qui séparait la Gaule de l'Italie. En le franchissant sans avoir au préalable demandé l'accord du Sénat — comme il était d'usage à tout général romain —, Jules César, à la tête de l'armée des Gaules, se plaça dans l'illégalité et entra en conflit ouvert avec le Sénat. Une guerre civile s'ensuivit.

{13} Le dix-huit Brumaire An VIII (9 nov. 1799) est la date d'un coup d'état militaire qui marqua la fin du Directoire et, par la même, celle de la Révolution Française ; Napoléon Bonaparte en était l'un des instigateurs.

{14} Fils adoptif de César, Brutus fit partie des conjurés qui l'assassinèrent en mars 44 av. J.-C. Ils lui reprochaient sa pratique du pouvoir absolu — en 45 av. J.-C., il avait nommé dictateur pour dix ans.

{15} Basile, dans une tirade célèbre de la comédie de Beaumarchais *Le Barbier de Séville*, explique comment s'y prendre pour perdre la réputation d'un individu par la calomnie.

{16} Au cours de l'année 1848, le général Cavaignac (1802-1857) fut ministre de la défense puis chef du pouvoir exécutif de la IIe République naissante. Candidat à la Présidence de la République, il fut battu par Louis-Napoléon Bonaparte (décembre 1848).

{17} En 1679, pour prémunir les sujets contre l'arbitraire royal, le Parlement anglais promulgua *l'Habeas Corpus Act* qui stipulait que tout détenu devait être présenté à un juge dans les trois jours qui suivaient son arrestation.

{18} *La reconnaissance du général Salnave*, Paris, 1867.

{19} Marcus Caton (234 – 149 av J. C.). Connu aussi sous le nom de Caton l'Ancien. Militaire, il se distingua dans la lutte contre Carthage. Politicien, il défendit les valeurs traditionnelles de Rome. Il est l'auteur d'une *Histoire de Rome* et d'un traité sur l'agriculture.

{20} Caton d'Utique (95-46 av. J. C.) Arrière-petit fils de Caton l'Ancien. Dans la lutte qui opposa Jules César à Pompée il se rangea aux côtés de ce dernier et se suicida après sa défaite, refusant de « survivre à la liberté ».

{21} Jean Chrysostome (env. 340 – 407). Il fut archevêque de Constantinople. En grec, « Chrysostome » signifie « bouche d'or ». C'est son éloquence qui lui valut ce surnom.

{22} Saint-Just (1767-1794). Député à la Convention, il se signala rapidement dans les rangs Montagnards par sa fougue et son intransigeance. Membre du Comité de salut public, il était proche de Robespierre et il l'accompagna sur l'échafaud (juin 1794).

{23} L'Italie et l'Allemagne se constituèrent en états dans la seconde moitié du XIXe siècle. Cavour (1810-1861) fut, avec Garibaldi, un des principaux acteurs de l'unité italienne ; Bismarck (1895-1898), l'artisan majeur de la création d'un Empire allemand (1871) soumis à l'hégémonie prussienne.

{24} Pierre L'Ermite (1053-1115). Entré tardivement dans les ordres, il répondit à l'appel du Pape Urbain II (1095) et prit son bâton de pèlerin pour prêcher la Croisade.

{25} Dans « Les Femmes savantes », le personnage de Trissotin est l'archétype du pédant.

{26} Avec Chavannes, Ogé prit les armes à Saint Domingue pour obtenir l'application du décret du 8 mars 1790 de l'Assemblée Nationale qui accordait aux affranchis l'exercice de leurs droits politiques. Les troupes coloniales défirent les insurgés, et Ogé fut soumis au supplice de la roue sur une place publique du Cap (1791).

{27} Fouquier-Tinville. Accusateur public du Tribunal Révolutionnaire. Au cours des années 1793 et 1794, il envoya des dizaines de citoyens à l'échafaud. Il fut guillotiné à son tour en 1795.

{28} Thiers était né à Bouc-Bel-Air, non loin de Marseille.

{29} En 356 av. J. C., afin d'accéder à la célébrité, Érostrate incendia le temple de la déesse Artémis dans la ville d'Éphèse.

{30} Caius Lucinus Verres (vers 120-43 av. J. C). Archétype du prévaricateur, dénoncé par Cicéron dans ses « Verrines ». Il échappa à la justice, mais Marc-Antoine le fit assassiner tandis qu'il jouissait loin de Rome de sa fortune si mal acquise

{31} Guerre civile qui se déroula aux États-Unis de 1861 à 1865. Elle vit la victoire de l'*Union* – qui regroupait les états favorables à l'abolition de l'esclavage – sur les cinq états esclavagistes du sud du pays (les *Confédérés*) opposés à la politique du Président Lincoln.

{32} Il s'agit du Président républicain Ulysses Grant (1869-1877) qui avait commandé les troupes de l'*Union* pendant la guerre de Sécession.

{33} Dans la cité grecque de Sparte, les ilotes — ou Hilotes — étaient privés de tous les droits.

{34} Francis Bacon (1561-1626) Philosophe anglais.

{35} Luc de Clapiers, marquis de Vauvenargues (1715-1747). Écrivain et moraliste français. Il fut l'ami de Voltaire.

{36} Cesare Beccaria (1738-1794). Juriste et philosophe italien.

{37} Friedrich von Schiller (1859-1805). Écrivain allemand. Poète, mais aussi dramaturge, romancier, essayiste et historien.

{38} Alphonse de Lamartine (1790-1869). Poète et homme politique français. Il signa le décret d'abolition de l'esclavage (1848) et écrivit un poème dramatique intitulé « Toussaint-Louverture » (1850).

{39} Henri Brougham (1778-1968). Écrivain et homme politique britannique.

{40} Tous sont des héros de la guerre d'Indépendance d'Haïti.

{41} En 1870, par exemple, un traité d'annexion fut signé entre le Président Grant et le Président dominicain Baez. Ce traité fut finalement rejeté par le sénat des États-Unis, principalement grâce à l'action de Charles Summer.

{42} Le traité d'annexion ayant été rejeté par le sénat des États-Unis, le Président Baez, en 1873, accorda une concession perpétuelle à une compagnie privée américaine dénommée « Compagnie de la Baie de Samana de Santo Domingo ». À la chute de Baez, en 1874, le bail fut résilié par le nouveau gouvernement dominicain.

{43} Benjamin Franklin (1706-1790) et Georges Washington (1732-1799) : deux des pères fondateurs des États-Unis.

{44} Et même — brièvement — trois états, puisque en 1809 le département du Sud fit à son tour sécession et se donna Rigaud pour président. À sa mort, le général Borgella (1773-1844) lui succéda et décida la réunification avec l'Ouest en 1811.

Made in the USA
Las Vegas, NV
28 September 2022

56174193R00100